Annie Berthet
Robert Menand

# FORUM

MÉTHODE DE FRANÇAIS  3

# Cahier
d'exercices

**HACHETTE**
*Français langue étrangère*
http://www.fle.hachette-livre.fr

# SOMMAIRE

Rendez-vous sur Internet :
- Pour découvrir **FORUM**, partager vos expériences, trouver des activités d'entraînement : www.club-forum.com
- Pour découvrir les nouveautés Hachette français langue étrangère, consulter notre catalogue en ligne, contacter nos diffuseurs ou nous écrire, rendez-vous sur : www.fle.hachette-livre.fr

**Intervenants :**
Création graphique et couverture : Amarante
Réalisation : O'Leary
Secrétariat d'édition : Claire Dupuis
Crédits photographiques : p. 24 © Richard Damoret/REA, p. 35 haut © Bill Varie/Corbis, bas © David Hanover/Corbis, p. 37 © Keystone, p. 38 © Keystone, p. 44 © Mauricio Lima-STF/AFP, p. 50 haut © Bouhet Richard/Corbis Sygma, bas © Serra Antoine/Corbis Sygma, p. 54 © Picasso administration/RMN, © Lewandowski/Le Marge/RMN, © Lewandowski/RMN, p. 56 © Tom et Dee Ann McCarthy/Corbis, p. 64 © PPCM, p. 66 © Hekiman Julien/Corbis Sygma, p. 69 © Patrick Allard/REA, p. 83 © Philippe Body/Hoa-Qui, p. 84 © Jaume Gual/Age/Hoa-Qui.
Illustrations : Jean-Pierre Joblin

ISBN : 2 01 1551 82 X

© Hachette Livre 2002, 43, quai de Grenelle, 75905 Paris Cedex 15

# Unité 1 : LE TEMPS DU PLAISIR

## Prêts pour la grammaire

### LES EXPRESSIONS TEMPORELLES

**1** **Cinéma, cinémas.**

*Indiquez si l'expression temporelle soulignée exprime une durée (–) ou un point dans le temps (.).*

○ **1** Le film a commencé <u>depuis</u> cinq minutes.

○ **2** Certains spectateurs sont sortis <u>au bout d</u>'une demi-heure. *(end)*

○ **3** L'actrice principale s'est montrée très désagréable <u>dès</u> les premiers jours du tournage.

○ **4** *La Traviata* est à l'affiche <u>jusqu'</u>en décembre.

○ **5** Le metteur en scène a engagé mille figurants <u>pour</u> dix jours.

○ **6** Les scènes d'extérieur ont été tournées <u>en</u> trois semaines.

○ **7** On pourra voir ce film sur les écrans parisiens <u>à partir de</u> lundi.

○ **8** Le jury verra plus de trente films <u>pendant</u> les deux semaines que va durer le festival.

### LES TEMPS DU RÉCIT : PRÉSENT, IMPARFAIT, PASSÉ COMPOSÉ, PLUS-QUE-PARFAIT

**2** **Voyage à Paris.**

*Complétez avec les temps qui conviennent.*

• • • • **PARIS VU PAR UN ÉTRANGER** • • • • • • • • • • • • • • • • • • • *Interview du peintre espagnol Emilio Suza* • • •

– Emilio, vous souvenez-vous de la première fois où vous *êtes venu* ................... (venir) à Paris ?

– Oui, c'*était* ................... (être) vraiment super ! Je *ai dû* ................... (devoir) commencer mes cours d'arts plastiques, mais je *n'étais jamais venu* (ne jamais venir) à Paris. Je *suis monté* ...... (monter) un week-end avec des copains qui *travaillaient* .....(travailler) là-bas pour repérer, pour comprendre comment *fonctionne* ...... (fonctionner) la carte Orange et le ticket de métro. Et j' *ai vu* ................... (voir) Paris pour la première fois. Tout me ........................... (paraître) très exotique : il y ...........................(avoir) des gens de toutes les couleurs, des Blacks, des Chinois, des Beurs ; je ........................... (ne jamais voir) autant de monde dans les rues ! Et puis les cinémas : les gens ........................... (faire) la queue pour aller voir un film. C' ........................... (être) incroyable pour moi !

– Paris ........................... *(ne pas être) comme vous l'*...........................*(imaginer) ?*

– Non, j'........................... (avoir) en tête certaines images, celles des rues de Montmartre, celle de la tour Eiffel ou encore une photo de Robert Doisneau en noir et blanc où l'on ...........................(voir) une entrée de métro. Mais quand on ........................... (venir) ici, c'........................... (être) plus riche et plus complexe que ça.

– *Est-ce que vous* ........................... *(conserver) des adresses pour sortir le soir ?*

– Après mes cours, j'........................... (aller) souvent Chez Francis, un petit bistrot sympa, mais j'y ........................... (passer) et il ........................... (ne plus être) là. Je crois qu'il ........................... (changer) de quartier. Et puis, après le restau, on ........................... (danser) toute la nuit au Caméléon et, là, j'y ........................... (retourner) dernièrement et Roger, le patron, m' ........................... (reconnaître) !

## L'ARRIÈRE-PLAN EXPLICATIF :
## IMPARFAIT ET PLUS-QUE-PARFAIT

**3** **Problèmes de vacances.**

*Complétez en imaginant une explication.*

**1** On a été malades toute la nuit : la veille ....................................................
....................................................

**2** Et à cinquante mètres du sommet, on a dû faire demi-tour parce que ....................................................
....................................................

**3** Finalement, il a fallu faire du stop parce que ....................................................
....................................................

**4** Elle ne s'est pas du tout baignée pendant les vacances parce que ....................................................
....................................................

**5** On n'a pas fermé l'œil de la nuit : ....................................................
....................................................

**6** Il a fallu aller faire une déclaration au commissariat : ....................................................
....................................................

**7** En fin de compte, on a dormi chez l'habitant parce que ....................................................
....................................................

**8** Je suis rentrée à Paris avec deux jours de retard parce que ....................................................
....................................................

**9** Nous avons dû écourter notre séjour : ....................................................
....................................................

**10** L'excursion a été annulée : ....................................................
....................................................

# L'IMPARFAIT DE SITUATION PASSÉE

## 4 Les 35 heures.

*Satisfaits ou mécontents, des salariés parlent de leur vie actuelle.*

*Formulez quelle était leur vie avant les 35 heures.*

### J.-M. FRAMBOISIER, électricien

« Pour moi la nouveauté des 35 heures, c'est la possibilité de cumuler repos et loisirs. Je ne choisis plus entre les deux. Je fais les deux. Sur trois jours de week-end, j'ai le temps de tout étaler, je peux me permettre de passer une journée entière à ne rien faire. Je ne me considère pourtant pas comme un nanti. Il m'arrive parfois de faire des journées de douze heures. Finalement, les 35 heures, au boulot, c'est l'enfer, mais au niveau personnel c'est parfait. »

Olivier Ranson, *Le Parisien/Aujourd'hui-en-France,*
*9 juillet 2002.*

...............................................................................................
...............................................................................................
...............................................................................................
...............................................................................................

### M. FRANCK, kinésithérapeute

« Grâce à la RTT, mes patients fonctionnaires ou cadres dans les grandes entreprises privées viennent désormais me voir l'après-midi et moins le soir mais, pour moi, je commence à 9 heures et je ne finis presque jamais avant 20 heures. Ce qui m'énerve ? Non seulement je suis un exclu des 35 heures, mais la RTT des autres me pourrit de plus en plus la vie. Inutile à présent d'appeler la Sécu un mercredi. Quant au courrier, il est de moins en moins distribué le samedi. »

...............................................................................................
...............................................................................................
...............................................................................................
...............................................................................................

### A. MARLY, responsable d'une société d'intérim

« La RTT est en vigueur dans mon agence d'intérim depuis quatre ans sous une forme particulière : 36 heures de travail par semaine et onze jours de RTT sans perte de salaire contre 39 heures. Personne ici ne regrette les bouleversements nés de cette diminution. Mon temps libre, je le consacre surtout à mes enfants. Certains soirs, je rentre plus tôt. J'ai aussi quelques jours de vacances en plus avec eux. Mais si, un jour, je dois rester travailler plus tard parce que les affaires l'exigent, je le fais. Finalement, c'est un juste équilibre entre les intérêts de l'entreprise et ceux des salariés. »

...............................................................................................
...............................................................................................
...............................................................................................
...............................................................................................

# Un temps pour le lexique

**5  Associations.**

*Reliez les mots de chaque colonne pour former des expressions.*

1 un spectacle *de variétés*          a de théâtre
2 une pièce *de théâtre*              b de variétés *(cabaret)*
3 une exposition *de peinture*        c de cinéma
4 un concert *de rock*                d de cirque
5 une séance *de cinéma*              e de peinture
6 un numéro *de cirque*               f de rock

*un tube = une chanson*

*pièce d'un moteur ou voiture*
*pièce autorisée*
*une pièce = une salle*
*une pièce de monnaie*
*une pièce d'identité*
*un bout de bois*
*mettre en pièce*

**6  Le mot juste.**

*Entourez le mot souligné qui convient pour chaque phrase suivante.*

1 Nous avons pris des places pour la première/~~la générale~~ de *La Traviata*, demain, à l'Opéra Bastille. *nos seats*

2 Je suis désolé, monsieur, mais les seules places encore disponibles, ce sont les strapontins/les *aux* *folding chair* parterres.

3 Tu as acheté les ~~tickets~~/les billets pour le spectacle de ce soir, au théâtre des 2T ? *Théâtre*

4 Cette année, le festival présente l'intégralité des œuvres de plusieurs réalisateurs/régisseurs italiens et *Stage manager* espagnols.

5 Viens avec nous, on va au Musée d'art moderne : il y a, paraît-il, une nouvelle exposition/exhibition de peinture très intéressante. *display*

6 C'est une vraie ~~cinéaste~~/cinéphile ! Elle va au cinéma au moins trois fois par semaine. *producer*

7 Pardon, madame, à quelle heure est la prochaine séance/représentation du *Fabuleux Destin d'Amélie* *play* *Poulain* ?

8 Chaque année, le festival d'Avignon attire un grand nombre d'amateurs/d'admirateurs de théâtre. *admirer*

**7  ☺ ou ☹ ?**

*Associez l'un des deux symboles ci-dessus à chaque adjectif selon qu'il exprime le plaisir ou l'ennui.* *Tedium*

..P.. **1** amusant          ..E.. **5** désagréable       ..P.. **9** reposant
..E.. **2** crispant         ..?P. **6** soporifique       ..P.. **10** distrayant
..E.. **3** exaspérant       ..P.. **7** délassant *relaxis*   ..E.. **11** pénible
..P.. **4** relaxant         ..E.. **8** insupportable     ..E.. **12** lassant

*repetitive*   *agacer = to irritate*
*irriter*
*ennuyer*

*faire lassant =*
*getting fed up (with it)*

**8  Pause.**

*Numérotez ces arrêts de travail du plus court au plus long.*

○ **a** un week-end
○ **b** les congés annuels
○ **c** une pause
○ **d** un pont
○ **e** un jour férié

**9** **Embarquement immédiat.**

*Complétez le texte ci-dessous à l'aide des mots suivants (certains mots doivent être utilisés plusieurs fois).*

Vol – croisière – itinéraire – hébergement – voyage – accompagnateur – pension complète – camping – réservation – séjour – destination – demi-pension – agence – paquebot – sac à dos – circuit.

---

# ÉVASION VOYAGES

## Tous vos goûts
## sont dans nos brochures vacances

À tous celles et ceux qui sont passionnés de ..............................., notre ...............................
propose des ............................... charters ou réguliers à ............................... des quatre coins
du monde. Nous vous offrons, de plus, une large gamme de ............................... adaptés à vos
envies.

Les ............................... organisés : guidés par un ..............................., vous vous déplacez
selon un ............................... établi à l'avance. Nous nous chargeons également des
............................... pour les hôtels et les transports intérieurs. Ces ............................... comprennent
l'..............................., le petit déjeuner, la ............................... ou la ...............................

Les ............................... aventure : vous voyagez, en petits groupes, équipés d'un
............................... et de matériel de ..............................., en 4 x 4 ou en minibus.

Les ............................... : vous découvrez les îles des Caraïbes à bord de nos deux magnifiques
..............................., le *Princess Aloa* et le *Désirade*.

---

*Retrouvez-nous sur notre site internet* **www.evasion-voyages.fr**

*ou au 01 45 12 00 00*

**10** **Où est-ce ?**

*Indiquez où il est possible d'entendre les phrases suivantes.*

**1** Excusez-moi, monsieur, mais vous avez oublié de composter votre billet.

**2** Bonjour, madame, vous avez votre carte d'embarquement, s'il vous plaît ?

**3** Monsieur et madame Lefort ? Ah ! oui, vous avez la cabine 14.

..............................
..............................

.............................. ..............................

**5** Je suis désolé, monsieur ; les caméscopes et les appareils photo doivent être déposés au vestiaire.

**4** Passeport, s'il vous plaît… Vous pouvez ouvrir votre valise ?

**6** Pardon, monsieur, je pourrais avoir le menu, s'il vous plaît ?

.............................. .............................. ..............................
.............................. .............................. ..............................

## Pause production

**11** **Je me souviens…**

*Vous participez à un concours de récits de voyages organisé par le magazine **Partir**.*

*Racontez un excellent ou un très mauvais souvenir de voyage (dans votre pays ou à l'étranger). Donnez des précisions sur le lieu, les personnes qui vous accompagnaient, le moment où s'est déroulé ce voyage et les circonstances qui ont fait que vous en gardez un souvenir très précis.*

..................................................................................................................
..................................................................................................................
..................................................................................................................
..................................................................................................................
..................................................................................................................
..................................................................................................................
..................................................................................................................
..................................................................................................................
..................................................................................................................
..................................................................................................................
..................................................................................................................

## Prêts pour la grammaire

## LES TEMPS DU FUTUR : FUTUR SIMPLE ET FUTUR ANTÉRIEUR

**1** **À l'école de la séduction.**

*Complétez avec le temps du futur qui convient.*

Quand vous ............................................ (terminer) vos cours théoriques (psychologie du sexe opposé), vous ............................................ (aller) sur le terrain.

Vous ............................................ (s'installer) à la terrasse d'un café avec votre coach qui vous ............................................ (montrer) comment s'y prendre pour aborder une femme. Une fois que vous ............................................ (bien intégrer) les stratégies les plus efficaces, ce ............................................ (être) à votre tour de passer à l'action.

### 1re étape

Pendant que vous ............................................ (être installé) seul à une table, votre coach vous ............................................ (observer) discrètement et ............................................ (prendre) quelques notes. Dès que l'occasion ............................................ (se présenter) en la personne d'une belle inconnue, vous ............................................ (avoir) pour mission de l'aborder. Votre conversation ............................................ (pouvoir) se prolonger, mais ne ............................................ (devoir) en aucun cas dépasser une demi-heure. Si vous obtenez le numéro de téléphone de la belle, vous ............................................ (réussir) la partie « pratique » du test.

### 2e étape

Cette étape ............................................ (ne pas être contrôlée) par votre coach : soit vous ............................................ (ne pas être) assez convaincant et la belle vous ............................................ (filer) entre les doigts, soit vous ............................................ (être) capable de la convaincre de dîner en tête à tête avec vous. Dans ce cas, la soirée vous appartient. Bonne chance !

Cj Casanova
*La séduction en 190 leçons*

## LE FUTUR SIMPLE ET LE FUTUR ANTÉRIEUR D'ACTION ACCOMPLIE

**2** **Une journée de don Juan**.

*Continuez le développement en faisant alterner futur et futur antérieur.*

| 9 heures | Petit déjeuner avec Marie. |
|---|---|
| 11 heures | Promenade au bois avec Sylvie. |
| 12 h 30 | Déjeuner en tête à tête avec Hortense. |
| 14 heures | Sieste avec Florence. |
| 16 heures | Jeu de société avec Emmanuelle. |
| 17 heures | Thé avec Adeline. |
| 18 heures | Cheval avec Blandine. |
| 19 heures | Courte visite chez maman. |
| 20 heures | Dîner en tête à tête avec Apolline. |
| 21 heures | Conversation avec Apolline. |
| 22 heures | Apolline résiste. |
| 22 heures | Rendez-vous secret avec Mme de Longchamp |

*À 9 heures, don Juan débutera sa journée en prenant le petit déjeuner en compagnie de Marie. Quand il aura terminé son petit déjeuner, il fera une promenade au bois avec Sylvie .........................*

...........................................................................................................................................

...........................................................................................................................................

...........................................................................................................................................

...........................................................................................................................................

...........................................................................................................................................

...........................................................................................................................................

...........................................................................................................................................

...........................................................................................................................................

...........................................................................................................................................

## L'USAGE DES DOUBLES PRONOMS

**3** **Silence, on tourne !**

*Complétez les explications de ces différents metteurs en scène à leurs acteurs. Utilisez les doubles pronoms.*

Tronchet, *Libération*, 24 janvier 2002.

**1** Tu vas faire tomber ton gant et lui va le ramasser et ...*lui en*... donner en te dévorant du regard.

**2** Tu sais que l'homme détient des photos très compromettantes pour vous, alors tu te jettes sur lui pour ................. arracher des mains.

**3** Tu es désespérée, tu n'acceptes pas cette rupture, alors tu lui écris une longue lettre puis tu vas demander à ta servante de ................. remettre en secret.

**4** Et, là, tu pousses un cri déchirant en voyant l'objet : cette bague, c'est lui qui ................. avait fait cadeau pour vos fiançailles mais tu ................. avais rendue quand vous aviez rompu.

**5** Elle te supplie, elle voudrait le voir une dernière fois avant son départ ; à genoux, elle te demande cette faveur mais toi, inébranlable, tu ................. refuses.

**6** Tu es folle de jalousie : tu sais maintenant qu'ils sont restés ici après la réception, puisque ton amie Claire ................. a vus jusqu'à 1 heure du matin.

**7** Tu te doutes depuis une semaine qu'il va te demander le divorce mais tu ................. opposes de toutes tes forces.

## L'IMPÉRATIF ET LES DOUBLES PRONOMS

**4** **Amour toujours.**

*Complétez selon le modèle.*

*Offrez-lui des fleurs.*

▶ ***Offrez-lui-en chaque semaine.***

**1** Faites-lui de beaux compliments.
Faites-lui-en ................. tous les jours. ✓

**2** Déclarez-lui votre amour.
Déclarez-lui-en ................. tous les jours. ✗ *le* *pas une quantité*

**3** Souhaitez-lui son anniversaire.
Souhaitez-lui-en ................. chaque année. ✗ *le* — " —

**4** Pardonnez-lui ses erreurs
Pardonnez-lui-en ................. souvent. ✗ *les*

**5** Proposez-lui des voyages en amoureux.
Proposez-lui-en ................. le plus souvent possible. ✓

**6** Donnez-lui de l'argent.
Donnez-lui-en ................. toujours. ✓

**7** Mais ne lui parlez pas de vos anciennes aventures amoureuses.
Mais ne lui en parlez ................. jamais ! *remplacer toute la phrase avec* ***le*** *toujours.*

**8** Ne lui dites pas que son amie Sylvie est très belle.
Ne lui en dites ................. jamais ! ✗

## LES TEMPS DU FUTUR : FUTUR PROCHE, FUTUR SIMPLE, FUTUR ANTÉRIEUR

**5** **Correspondance amoureuse.**

*Complétez ces amorces de lettres d'amour en utilisant les temps du futur qui conviennent le mieux.*

**1** Les couleurs de l'aurore sculptent le ciel, un nouveau jour frémit derrière les persiennes, bientôt tu vas t'éveiller, ................................................................................................................................

................................................................................................................................

................................................................................................................................

**2** Vois-tu, mon âme, aujourd'hui l'espoir est de nouveau en mon cœur : je sais que tout n'est pas fini entre nous, je sais que tu me reviendras un jour et, ce jour-là, ................................................

................................................................................................................................

................................................................................................................................

**3** Toi que je ne connais pas, toi qui ne me connais pas, tu es cependant déjà dans mes rêves et tu verras : bientôt, ...............................................................................................................

...............................................................................................................

...............................................................................................................

**4** Oui, c'est vrai, j'éprouve encore de l'amour pour toi, mais je n'en peux plus, je suis à bout et je ne reviendrai pas tant que tu ...........................................................................................

Tant que tu ..............................................................................

...............................................................................................

...............................................................................................

**5** Reste à mes côtés, ne me quitte pas, je t'en supplie, je comprends maintenant toute la peine que j'ai pu te faire et plus jamais

je .......................................................................................

.........................................................................................

............................................ plus jamais ..............

.........................................................................................

## Un temps pour le lexique

**6** **Le mot juste.**

*Entourez le verbe souligné qui convient pour chacune des phrases suivantes.*

**1** Pierre m'a demandé hier si je voulais bien <u>le marier/l'épouser</u>.

**2** Elle est complètement déprimée : son mec l'a <u>plaquée/séparée</u> la semaine dernière.

**3** Non, mais tu te rends compte ! Elle m'a <u>abordé/approché</u> comme ça, dans la rue, et m'a donné son numéro de téléphone !

**4** Depuis qu'il est arrivé, il passe son temps à <u>draguer/plaire</u> les filles sur la plage.

**5** Au fait, tu es au courant ? Alex et sa copine <u>se sont réconciliés/se sont rassemblés</u> après deux mois de séparation.

**7** **Comme...**

*Pour décrire une personne, on utilise souvent des comparaisons, par exemple :* ***être beau comme un dieu***.
*Retrouvez les comparaisons en associant les éléments de chaque colonne.*

| | | | |
|---|---|---|---|
| **1** bête | | **a** | un Turc |
| **2** riche | | **b** | un cœur |
| **3** fort | | **c** | la pluie |
| **4** belle | COMME | **d** | ses pieds |
| **5** aimable | | **e** | une carpe |
| **6** muet | | **f** | le jour |
| **7** jolie | | **g** | Crésus |
| **8** ennuyeux | | **h** | une porte de prison |

**8  Affaire de cœur.**

*Terminez les phrases ci-dessous à l'aide des expressions suivantes.*

Avoir un cœur d'artichaut – accepter de bon cœur – prendre les choses à cœur – en avoir le cœur net –
ne pas avoir le cœur à quelque chose – avoir le cœur sur la main.

**1** Depuis que sa femme l'a quitté, il ..............................................................................................................

**2** J'en avais assez de ne pas connaître la vérité, il fallait absolument que j' ..............................................

**3** Mais c'est incroyable ! Il est encore tombé amoureux ! Il ......................................................................

**4** Je n'ai jamais rencontré personne d'aussi gentil et généreux : il ...........................................................

**5** Quand il m'a proposé de partir quatre jours à Venise, j' ........................................................................

**6** Jamais je ne l'ai vue réagir comme ça ; cette fois, elle ..........................................................................

**9  Déclaration d'amour... de non-amour.**

*Réécrivez la lettre suivante en lui donnant un ton très négatif ; pour cela :*

• *remplacez les mots soulignés par leur contraire ;*

• *transformez le dernier paragraphe de la lettre pour l'harmoniser avec ce qui précède.*

> Chère Elsa,
>
> Depuis hier, tout se bouscule dans ma tête. Je suis en train de vivre une sensation que je n'avais jamais connue auparavant : à la fois <u>merveilleuse</u> et déstabilisante. Vous m'avez, je dois bien l'avouer, totalement <u>charmé</u> : je vous ai trouvée absolument <u>ravissante</u>, extrêmement <u>chaleureuse</u> et surtout <u>passionnante</u>. Tout ce que vous avez fait dans votre vie est si <u>intéressant</u> ! Je me demande d'ailleurs comment une femme aussi <u>raffinée</u> que vous a pu poser les yeux sur moi qui suis assez <u>laid</u> et plutôt <u>ordinaire</u> !
>
> Même si nous nous ressemblons si peu, j'aimerais cependant que nous puissions nous revoir. Qu'en pensez-vous ? J'attends de vos nouvelles.
>
> Romain

..................................................................................................................................................................
..................................................................................................................................................................
..................................................................................................................................................................
..................................................................................................................................................................
..................................................................................................................................................................
..................................................................................................................................................................
..................................................................................................................................................................
..................................................................................................................................................................

**10  ☺ ou ☹ ?**

*Associez l'un des symboles ci-dessus à chaque expression selon qu'elle exprime l'amour ou la haine.*

.........  **1** Ils s'entendent comme chiens et chats.

.........  **2** Ils s'entendent comme larrons en foire.

.........  **3** Ils sont tout le temps bras dessus bras dessous.

.........  **4** Ils ne peuvent pas se sacquer.

.........  **5** Ils sont comme cul et chemise.

.........  **6** Ils sont toujours à couteaux tirés.

**11** **Problèmes de cœur.**

*Imaginez, sur le modèle qui vous est proposé, la réponse de Macha Desnoyer à chacune des deux lectrices qui lui ont adressé une lettre.*

# Le courrier du cœur

*Chaque semaine, notre conseillère-psychologue, Macha Desnoyer, répond à votre courrier. Alors, si vous avez un problème de cœur, écrivez à*
**Nous Deux** *– Le courrier du cœur – 17 rue l'Arrivée – 75015 Paris ou sur Internet à :* machadesnoyer@nousdeux.fr.

■ **Amoureux en secret**

Cela fait des mois que je suis amoureux d'une de mes collègues de travail mais je ne sais pas comment le lui faire comprendre. Je suis très timide et j'ai très peur qu'elle se moque de moi si je lui avoue mon amour. Que me conseillez-vous ?

Marc, 27 ans (Paris)

*Cher Marc,*

*Ne soyez pas si timide ! Votre collègue ne saura jamais que vous vous intéressez à elle si vous ne lui avouez pas vos sentiments. Alors, courage, faites le premier pas et proposez-lui, par exemple, de l'inviter à dîner. Vous découvrirez peut-être qu'elle a à votre égard les mêmes sentiments que vous ; vous regretterez alors de ne pas lui avoir parlé plus tôt. Et si elle ne partage pas vos sentiments, au moins vous en aurez le cœur net !*

*Macha*

## ■ Amie ou ennemie ?

J'ai remarqué que ma meilleure amie faisait sans cesse les yeux doux à mon copain. Elle passe son temps à lui faire des compliments. Elle m'a même dit devant lui, l'autre jour, que j'avais de la chance d'avoir trouvé la perle rare. J'en ai parlé à mon copain qui trouve que je suis ridicule et que je me fais des idées. Je ne sais plus quoi penser ni quoi faire.

*Alice, 18 ans (Nantes)*

## ■ Mariée à un macho

Je suis mariée depuis deux ans et mon mari, si attentionné au début de notre relation, se comporte maintenant en véritable macho. Quand il rentre du travail, il s'installe dans son fauteuil, devant la télé, pendant que je prépare la cuisine. Après le dîner, même topo. Je dois également m'occuper toute seule de notre bébé, du ménage et des courses. Il ne me demande même pas comment s'est passée ma journée. Comment le faire changer d'attitude ?

*Éva, 30 ans (Nancy)*

## Prêts pour la grammaire

### SI + IMPARFAIT/PLUS-QUE-PARFAIT + CONDITIONNEL PRÉSENT/PASSÉ

**1** **De bonnes raisons pour aller voter.**

*Nous sommes à la veille d'une élection présidentielle. Vous tentez de persuader un groupe de jeunes qui ne sont pas encore décidés à aller voter.*

*Trouvez la formule qui n'est pas adaptée à la situation et dites pourquoi.*

○ **1** Si j'étais à votre place, je voterais, c'est important.

○ **2** Supposons que vous alliez voter demain, voilà un acte pleinement responsable !

○ **3** À votre place, je voterais, parce que chacun est responsable du sort de la nation.

○ **4** Si vous aviez déposé votre bulletin dans l'urne, vous auriez rempli votre devoir de citoyen.

○ **5** En votant, vous devenez citoyen à part entière.

○ **6** Si vous vous abstenez, vous restez en marge de l'histoire de votre pays.

.................................................................................................................................................

.................................................................................................................................................

### LE CONDITIONNEL PRÉSENT ET PASSÉ

**2** **Vie associative.**

*1 Lisez cet article.*

---

### À MERTADOUR, RIEN D'IMPOSSIBLE

Mertadour, près de Nantes, c'est un quartier vraiment pas comme les autres. Depuis dix ans, les habitants, très solidaires, y vivent au rythme de leur association, véritable machine à initiatives. Voici quelques exemples de réalisations signées par cette association depuis sa création :

– une bibliothèque pour tous a été créée ;

– des voyages à l'étranger (Angleterre, Allemagne, Pays-Bas) sont régulièrement organisés pour les jeunes ;

– les personnes du troisième âge bénéficient d'un espace-rencontre avec jeux de société et salle vidéo ;

– une crèche a été ouverte en semaine pour les mamans qui travaillent ;

– pour fêter les dix ans de l'association, les habitants ont organisé un grand spectacle avec feux d'artifice, son et lumière ;

– la récente opération « Ferme du Mertadour » a permis, à la grande joie des enfants, d'implanter cultures maraîchères et animaux de basse-cour au pied des immeubles.

Les membres les plus actifs évoquent même en souriant l'hypothèse d'une plage sur un parking. Un doux rêve, une folie. Méfiance cependant, ces gens-là sont capables de tout !

---

**2** *Imaginez Mertadour sans vie associative. Complétez en vous inspirant de la liste des réalisations évoquées dans l'article.*

*Si l'association de Mertadour n'existait pas,* ................................................................................
................................................................................................................................
................................................................................................................................
................................................................................................................................
................................................................................................................................
................................................................................................................................
................................................................................................................................

**3** *Voici d'autres réalisations possibles pour une association de quartier : une piscine, un terrain de foot, un espace Internet, une cinémathèque, un atelier de couture, un cours de danse, une structure de soutien scolaire.*
*Faites parler un habitant qui imagine les réalisations que son association de quartier pourrait offrir à ses habitants ainsi que les conséquences bénéfiques qui en découleraient.*

*Si notre association construisait une piscine, on pourrait aller se baigner/on aurait la chance d'aller se baigner* .............................................................................................
................................................................................................................................
................................................................................................................................
................................................................................................................................
................................................................................................................................
................................................................................................................................
................................................................................................................................
................................................................................................................................

## EXPRIMER LA CONSÉQUENCE ET L'HYPOTHÈSE

**3 Quartiers sensibles.**

*L'insécurité règne dans certains quartiers, d'où le malaise des riverains. Ceux-ci s'expriment lors d'une réunion.*

*1 Précisez les conséquences que peuvent entraîner les faits dénoncés suivants.*

*Le parking n'est pas surveillé* ▶ *et des voitures sont régulièrement incendiées/et des individus volent des voitures.*

**a** Il n'y a pas de digicodes aux portes d'entrée des immeubles ....................................................
....................................................................................................................................

**b** On laisse circuler librement les dealers ..................................................................................
....................................................................................................................................

**c** La police relâche systématiquement les jeunes interpellés pour vol ou dégradation .....................
....................................................................................................................................

**d** Des bandes de jeunes ont élu domicile dans certaines cages d'immeubles .................................
....................................................................................................................................

**e** Certains parents laissent leurs jeunes enfants sortir la nuit .......................................................
....................................................................................................................................

**f** Il n'y a pas assez de patrouilles de police la nuit ...................................................................
....................................................................................................................................

*2 Les habitants expriment leur exaspération. Reprenez les faits et les conséquences de la première partie de l'exercice.*

*Si le parking était surveillé,* ▶ *nos voitures ne seraient pas régulièrement incendiées/on ne nous volerait pas nos voitures !*

**a** ....................................................................................................................................
**b** ....................................................................................................................................
**c** ....................................................................................................................................
**d** ....................................................................................................................................
**e** ....................................................................................................................................
**f** ....................................................................................................................................

## LES INDÉFINIS

**4 Élections présidentielles.**

*1 Complétez cet extrait d'article de presse. Utilisez un indéfini (voir liste p. 45 du livre de l'élève).*

### ÉLECTIONS : LE CHOC

Tous les sondages prédisaient un face-à-face Jospin/Chirac au deuxième tour, or ................................. avait vu juste ! En effet, ................................. pouvait imaginer que Le Pen allait battre l'ex-Premier ministre. Après le choc du premier tour, un peu ................................. en France, des manifestations contre la montée de l'extrême droite se sont spontanément organisées. ................................. prenait brusquement conscience de l'impor-tance de l'enjeu et ................................. étaient prêts à faire ................................. pour faire barrage à Le Pen.

**2** *Voici quelques réactions entendues entre les deux tours des élections présidentielles de 2002. Complétez-les en utilisant un indéfini.*

**Les pro-Le Pen**

**a** ........................................... que Le Pen ne peut sauver le pays !

**b** ........................................... ce qu'on raconte sur Le Pen est ridicule ! Il est tout simplement diabolisé !

**c** On est ........................................... avec lui, vive Le Pen !

**d** ........................................... pourra plus nous arrêter désormais ! C'est le plus beau jour de ma vie ! Le Pen, président !

**Les anti-Le Pen**

**e** Moi, je suis d'origine algérienne et, si Le Pen passe, on ne pourra pas rester ici, il faudra aller s'installer ........................................... !

**f** Je suis consternée, j'ai honte pour la France, je n'ai ........................................... à dire !

**g** Je suis encore sous le choc, ça a été une telle surprise, ........................................... ailleurs en Europe le phénomène ne s'est produit avec une telle ampleur !

## Un temps pour le lexique

*1890's guerre vs ⟋ Espagne ⟍ Allemagne*
*bcp de soldats M, à Paris*

**5 Les symboles de la France.**

*Associez chacune des devinettes suivantes au symbole qui lui correspond.*

**1** Autrefois symbole religieux, je suis surtout, aujourd'hui, l'emblème sportif de la France. *b*

**2** On peut me voir sur les bâtiments publics, lors de commémorations, ou au cours de manifestations sportives. *d*

**3** Devise de la République, je figure sur de nombreux documents officiels. *f*

**4** Hymne national, j'étais à l'origine, en 1792, un chant de guerre. *a*

**5** Mon buste figure dans toutes les mairies de France : j'incarne la République française. *c*

**6** Dans toutes les villes de France, c'est une fête populaire ponctuée de feux d'artifice. *e*

**a** la Marseillaise

**b** le coq

**c** Marianne

**d** le drapeau tricolore *(adjectif)*

**e** le 14 Juillet

**f** Liberté, Égalité, Fraternité

*1790's le terreur, le directoire*

**6 Le mot juste.**

*Entourez le mot souligné qui convient dans chacune des phrases suivantes.*

*pas de vote*
*nul si écrit sur*

✗ **1** Aucun des deux candidats ne me convient : je crois que je vais voter blanc/nul au second tour des élections.

✓ **2** Il a remporté/réussi les élections de justesse, avec 50,81 % des voix.

✓ **3** Le Premier ministre vient d'arranger/de former un tout nouveau gouvernement.

*politique*

✗ **4** Arrête de dire que la France est le plus beau pays du monde ! Ce que tu peux être nationaliste/chauvin !

✓ **5** Les dernières mesures gouvernementales ont entraîné de très nombreuses manifestations/démonstrations partout en France.

*maths ou science*

✓ **6** La plupart des médias annoncent un fort taux d'abstention/de refus aux prochaines législatives.

## 7 Vrai ou faux ?

*Indiquez si les définitions proposées sont vraies ou fausses en France.*

|  | Vrai | Faux |
|---|---|---|
| **1** Le Premier ministre : le chef d'État. |  |  |
| **2** Voter par procuration : voter par correspondance. |  |  |
| **3** Une profession de foi : un programme électoral. |  |  |
| **4** Un bulletin de vote : une carte d'électeur. |  |  |
| **5** Obtenir la majorité absolue : être élu à l'unanimité. |  |  |
| **6** Un quinquennat : un mandat qui dure cinq ans. |  |  |

## 8 Le système politique français.

*Complétez l'organigramme ci-dessous en plaçant correctement l'ensemble des personnes suivantes.*

Le peuple – les sénateurs – le président de la République – les ministres – les députés – les élus locaux (les conseillers municipaux, les conseillers généraux, les conseillers régionaux) – le Premier ministre.

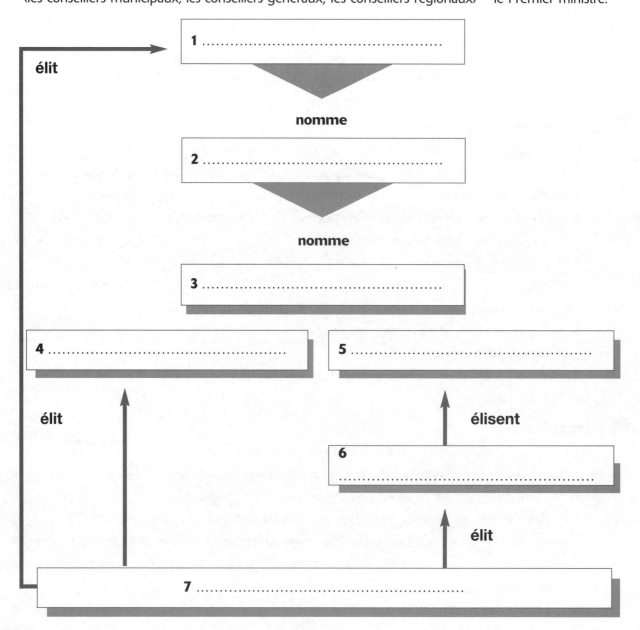

**9** **Mots croisés.**

*Le président de la République siège au palais de l'Élysée. Mais quel est le lieu de résidence du Premier ministre ?*
*Pour le savoir, remplissez la grille suivante à l'aide des définitions.*

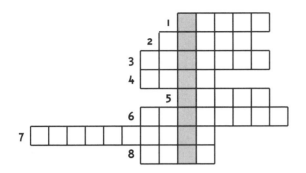

**1** Premier représentant de la commune.

**2** Organisation politique.

**3** Membre d'un État.

**4** Suffrage, vote.

**5** Arrêt du travail en signe de protestation.

**6** Personne qui postule à une fonction d'élu.

**7** Ensemble des personnes qui sont contre
le gouvernement.

**8** Boîte qui recueille les bulletins de vote.

## Pause production

**10** **Aller voter.**

*Lisez le mail d'Alexandre et imaginez la réponse de Lucas, qui va essayer de convaincre Alexandre de la nécessité d'aller voter. Pour vous aider à trouver des arguments, vous pouvez lire la transcription du microtrottoir*
*Ques aco ? p. 170 du livre de l'élève.*

---

**De :** alexandre-hamon@hotmail.com
**A :** lucas@club-internet.com
**Objet :** Re : Bon anniversaire

Salut Lucas,
Merci d'avoir pensé à mon anniversaire. Ça m'a fait plaisir de lire ton mail.
Comme tu le dis, maintenant que j'ai 18 ans, je vais pouvoir voter… Sauf que,
pour les prochaines élections, je crois que je vais m'abstenir. Tu sais, moi, la
politique, j'y comprends pas grand-chose. Et puis, de toute façon, que j'aille
voter ou pas, ça va pas changer le résultat des élections. Alors, c'est pas la
peine que je me déplace.
À part ça, comment tu vas ? J'espère qu'on pourra se voir bientôt pour fêter
mon anniversaire autrement que par Internet. Embrasse Lisa pour moi.
À bientôt.
Alex

---

**De :** lucas@club-internet.com

**A :** alexandre-hamon@hotmail.com

**Objet :** ........................................................................................................................

........................................................................................................................

........................................................................................................................

........................................................................................................................

........................................................................................................................

........................................................................................................................

........................................................................................................................

........................................................................................................................

........................................................................................................................

........................................................................................................................

........................................................................................................................

........................................................................................................................

........................................................................................................................

........................................................................................................................

........................................................................................................................

........................................................................................................................

........................................................................................................................

........................................................................................................................

........................................................................................................................

........................................................................................................................

........................................................................................................................

........................................................................................................................

........................................................................................................................

# Unité 4 : À CHACUN SA FOI

## Prêts pour la grammaire

### DE L'IMPRESSION À LA CERTITUDE

**1 Croyez-vous aux rêves prémonitoires ?**

*Au cours d'un débat télévisé sur le pouvoir des rêves, plusieurs invités ont exprimé leur opinion.*

*1 Prenez connaissance de ces différentes prises de position.*

    **a** <u>Je m'étonne qu'</u>on puisse encore y croire !

    **b** <u>Je suis persuadé que</u> de tels rêves existent. Pour ma part, j'en ai fait, à plusieurs reprises, l'expérience.

    **c** <u>Je trouve normal qu'</u>on soit parfois troublé par les récits de ceux qui déclarent en avoir fait.

    **d** Pour moi, <u>il est évident qu'</u>il s'agit de coïncidences plutôt que de prémonitions !

    **e** <u>Il est impensable que</u> de telles bêtises aient encore droit de cité de nos jours !

    **f** <u>J'attends</u> toujours <u>qu'</u>on m'en fournisse la preuve.

*2 Identifiez les constructions au subjonctif ou à l'indicatif selon les formules introductrices utilisées. Placez les formules rencontrées dans les tableaux suivants.*

| APPRÉCIATION SUBJECTIVE D'UN FAIT | | |
|---|---|---|
| **Impressions subjectives, caractérisations positives ou négatives** | | |
| Je m'………………… | | |
| Je suis | étonné(e) | |
| | surpris(e) | |
| Je trouve | étonnant | |
| | surprenant | que + subjonctif |
| | ……………… | |
| Il est | invraisemblable | |
| C'est | ……………… | |
| | incroyable | |
| **Doute, incertitude** | | |
| Je ne pense pas | | |
| Je ne crois pas | | que + subjonctif |
| Je doute | | |
| **VISION FICTIONNELLE** | | |
| **Volonté/Aspiration, désir** | | |
| J'……………… | | |
| Je m'attends à ce | | |
| Je souhaite | | que + subjonctif |
| J'aimerais | | |
| Je voudrais | | |
| Je demande | | |

**Opinion pure, certitude**

| Je suis | convaincu(e) | |
| | ................. | |
| | sûr(e) | |
| | certain(e) | |
| Il est | ................. | que + indicatif |
| | certain | |
| | sûr | |
| | indéniable | |
| Je | pense | |
| | crois | |

## INDICATIF OU SUBJONCTIF ?

### 2 Superstitions.

*Complétez le microtrottoir suivant. Mettez le verbe au mode qui convient : indicatif ou subjonctif.*

**1** Quand je vois un chat noir le matin, je m'attends à ce que le pire ............................ (advenir).

**2** Quand il y a un parapluie ouvert dans une maison, je demande qu'il ............................ (être) refermé immédiatement.

**3** Si je trouve un trèfle à quatre feuilles, je suis persuadé qu'il ............................ (arriver) des tas de bonnes choses.

**4** Pour moi, il est évident que certains rêves ............................ (avoir) la faculté de nous renseigner sur l'avenir.

**5** Je trouve normal que certaines personnes ............................ (être) superstitieuses, car le fondement de la superstition, c'est la peur.

**6** Il est vraiment exaspérant que tant de gens ............................ (aller) consulter des soi-disant voyantes et qu'ils ............................ (pouvoir) adhérer à leur discours !

**7** Je suis certain d'une chose, c'est que le nombre 13 ............................ (faire) vendre beaucoup de billets de Loto et autres jeux d'argent, surtout un vendredi 13 !

**8** Moi, j'ai un porte-bonheur : c'est une bague qui se transmet de génération en génération. Ma mère me l'a donnée avant de mourir et je pense sincèrement qu'elle m'............................ (aider) à surmonter les épreuves de la vie.

## 3 Il y a un truc !

*1 Placez les formules suivantes dans le schéma selon leur degré plus ou moins grand de probabilité.*

**a** J'ai l'impression qu'il y a un truc.

**b** Il est possible qu'il y ait un truc.

**c** Je ne pense pas qu'il y ait un truc.

**d** Il y a des chances pour qu'il y ait un truc.

**e** Je suis convaincu qu'il y a un truc.

```
.........
.........
.........          SUBJONCTIF
....a....          = doute
.........          INDICATIF
                   = haut niveau de certitude
```

---

Attention, en règle générale on dit : *Je ne pense pas qu'il y **ait** un truc.*

Mais il est possible de dire : *Je ne pense pas qu'il y **a** un truc.* L'indicatif suggère alors que le locuteur penche pour la certitude du contraire : *Je pense qu'il n'y a pas de truc.*

---

*2 À votre tour de réagir à ces informations (utilisez les formules rencontrées précédemment).*

**a**
Nom : MERCIER
Prénom : Claire
Âge : 52 ans

..................................................
..................................................
..................................................

**d**
Le millepertuis est utilisé avec succès pour combattre les états dépressifs.

..................................................
..................................................
..................................................

**b**
Cet homme est capable de provoquer des incendies par sa seule force mentale.

..................................................
..................................................
..................................................

**e**
Le professeur Mariani annonce la réussite du premier clonage humain.

..................................................
..................................................
..................................................

**c**
Marilyn Monroe n'est pas morte. Elle vit à présent en Afrique du Sud !

..................................................
..................................................
..................................................

**f**
Les surfaces enneigées en net recul dans le monde à cause du réchauffement climatique.

..................................................
..................................................
..................................................

## SUBJONCTIF PRÉSENT ET PASSÉ

**4** **Petits bonheurs éphémères.**

*Complétez en mettant le verbe au subjonctif présent ou passé.*

**1** C'était vraiment délicieux ! Je suis ravi que tu ........................... (faire) ce cassoulet !

**2** Elle est vraiment bonne aujourd'hui, ça m'étonne que tu ........................... (ne pas encore aller) te baigner !

**3** Je me réjouissais de te voir, mais je suis déçu que tu ........................... (partir) si vite, on a à peine eu le temps de se parler !

**4** C'est un miracle, il semble qu'elle ........................... (aller) beaucoup mieux depuis qu'elle prend ce médicament !

**5** Viens ici, mon chéri, sois gentil avec ta maman. Je serais si contente que tu me ........................... (faire) un gros câlin.

**6** Quelle douceur, c'est vraiment surprenant que le printemps ........................... (être) déjà là !

**7** Au revoir et encore merci, je suis vraiment content que vous ........................... (pouvoir) tous venir.

**8** Ça me plaît beaucoup que tu ........................... (mettre) cette robe, elle te va à ravir. Tu es superbe, ma chérie !

## Un temps pour le lexique

**5** **Entre rêve et cauchemar.**

*Numérotez les adjectifs suivants en commençant par celui qui a le sens le plus négatif.*

○ **a** fascinant

○ **b** effrayant

○ **c** inquiétant

○ **d** utopique

○ **e** terrifiant

○ **f** séduisant

**6** **Mots croisés.**

*Complétez la grille de mots croisés à l'aide des définitions.*

**1** Qui a une foi religieuse.

**2** Synonyme de *croyance*.

**3** Homme d'église.

**4** Adjectif qui qualifie l'art religieux.

**5** Implorer une divinité.

**6** Qui suit les pratiques religieuses.

**7** Qui ne croit pas en Dieu.

**8** Cérémonie du culte catholique.

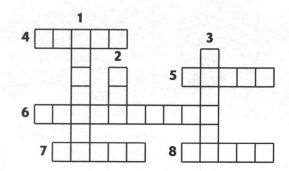

## 7 L'intrus.

*Trouvez l'intrus dans les groupes de mots suivants.*

| | | | | |
|---|---|---|---|---|
| **1** ⃝ prévisible | ⃝ envisageable | ⃝ probable | ⃝ inattendu |
| **2** ⃝ perplexe | ⃝ convaincu | ⃝ sceptique | ⃝ dubitatif |
| **3** ⃝ risque | ⃝ fiabilité | ⃝ danger | ⃝ menace |
| **4** ⃝ tourmenté | ⃝ calme | ⃝ serein | ⃝ tranquille |
| **5** ⃝ occulte | ⃝ inexplicable | ⃝ énigmatique | ⃝ clair |
| **6** ⃝ prédestiner | ⃝ prédire | ⃝ prévoir | ⃝ deviner |

## 8 Question de foi.

*Complétez les phrases ci-dessous à l'aide des expressions suivantes.*

Être digne de foi – faire foi – être de mauvaise foi – n'avoir ni foi ni loi – avoir foi en quelqu'un.

**1** Vous savez très bien que vous mentez. Vous .................................................................

**2** Je suis persuadé que tu peux réussir. J' .................................................................

**3** Vous pouvez avoir confiance en elle. C'est une personne qui .................................................

**4** Ils se moquent totalement de la religion et de la morale. Ils .................................................

**5** De chez elle, elle a vu toute l'agression. Par conséquent, son témoignage .................................

## 9 ☺ ou ☹ ?

*Associez l'un des symboles ci-dessus à chaque expression.*

...... **1** être aux anges

...... **2** avoir le cafard

...... **3** avoir le moral à zéro

...... **4** être au septième ciel

...... **5** broyer du noir

...... **6** avoir le bourdon

...... **7** prendre son pied

...... **8** avoir un coup de blues

...... **9** être sur un petit nuage

...... **10** avoir une pêche d'enfer

**10** **Doute, douter.**

*Complétez le tableau suivant.*

| Nom | Verbe | Adjectif |
|---|---|---|
| **1** *le doute* | douter | *douteux/douteuse* <br> *dubitatif/dubitative* |
| **2** ............................... | croire | ............................................................. |
| **3** ............................... | expliquer | ............................................................. |
| **4** ............................... | convaincre | ............................................................. |
| **5** ............................... | persuader | ............................................................. |

**11** **Le 13.**

*Complétez le texte ci-dessous avec les mots suivants.*

Malheur – bénéfique – faste – espoir – enfer – bonheur – néfaste – maléfique – chance.

En France, la tradition montre que le treize passe plutôt pour ......................... . Lorsque Clovis, roi des Francs, épousa Clotilde, il lui offrit treize deniers d'or en gage de ......................... . Les vendredis 13 sont les seuls à porter bonheur : on peut s'adonner à des jeux de chance avec l'......................... de gagner. ......................... pour les Espagnols, ......................... pour les autochtones, le vendredi 13 correspond au jour de la découverte de l'Amérique par Christophe Colomb.

Ailleurs, en Europe, les avis penchent plutôt pour donner un caractère ......................... au treize. En Italie, le treize est signe de ......................... ; en Angleterre, on évite de se marier un 13. Pour ne pas leur laisser la moindre ......................... d'aller ailleurs qu'en ........................., l'escalier de la potence à laquelle furent pendus les criminels de guerre nazis en 1946, à Nuremberg, comportait treize marches.

Pierre Canavaggio, *Dictionnaire des superstitions et des croyances,* éd. Dervy, 1993.

## Pause production

**12** **Enceinte après cinquante ans.**

*Adressez une lettre au courrier des lecteurs du magazine **Elle**.*

| POUR | CONTRE |
|---|---|
| Si, comme il vient de l'annoncer, notre ministre de la Santé fait voter un texte interdisant les méthodes de procréation médicalement assistée aux femmes ménopausées, il devrait, par la même occasion, interdire les liftings, les injections de collagènes et autres méthodes pour remonter le temps […]. Quant au problème d'un enfant né d'une mère qui pourrait être sa grand-mère, qui peut dire aujourd'hui qu'il aura plus de handicaps que celui né d'une femme divorcée, atteinte du sida, dépressive, mal dans sa peau ou mal mariée ? | Quand on connaît la provision de santé et de patience qu'il faut avoir en réserve pour se lever la nuit, jouer aux Lego, vérifier les devoirs, essuyer les premières larmes, arbitrer les premiers conflits… Imaginons un peu : quatre-vingts ans bien sonnés comme deux heures du matin à l'horloge, ma fille de seize ans rentre de sa première fête. Quels trésors de mémoire et de compréhension me faudrait-il déployer pour me souvenir que, comme elle, j'ai eu les cheveux défaits et le regard dans les étoiles ? |
| *Marie-Françoise Colombani* | *Michèle Fitoussi* |
| | D'après *Elle.* |

*Je viens de lire votre article intitulé « Enceinte après cinquante ans », dans votre dernier numéro de ELLE,*
*et j'aimerais réagir aux propos de Marie-Françoise Colombani et de Michèle Fitoussi. En effet, ......*

........................................................................................................................................

........................................................................................................................................

........................................................................................................................................

........................................................................................................................................

........................................................................................................................................

........................................................................................................................................

........................................................................................................................................

........................................................................................................................................

........................................................................................................................................

........................................................................................................................................

........................................................................................................................................

........................................................................................................................................

# Unité 5 : DE L'ÉCOLE AU TRAVAIL

## Prêts pour la grammaire

### EXPRIMER DIFFÉRENTS RAPPORTS TEMPORELS

**1** **Carnet de bord scolaire.**

*Complétez les amorces.*

**1** Tous les élèves se sont mis à l'informatique, depuis qu(e) .....................................................

....................................................................................................................................................

**2** La directrice a prévenu la famille, dès qu(e) .........................................................................

....................................................................................................................................................

**3** Le petit Marc a fait beaucoup de progrès, depuis qu(e) ......................................................

....................................................................................................................................................

**4** Les élèves sont en général moins attentifs, dès qu(e) ..........................................................

....................................................................................................................................................

**5** Le taux de réussite à l'examen n'a pas cessé d'augmenter depuis qu(e) ..............................

....................................................................................................................................................

**6** La directrice a convoqué l'enseignante dès qu(e) ................................................................

....................................................................................................................................................

**7** Les parents ont félicité leurs enfants dès qu(e) ...................................................................

....................................................................................................................................................

**8** Les enfants sont surexcités depuis qu(e) ...............................................................................

....................................................................................................................................................

**9** La police surveille toutes les sorties de classe depuis qu(e) ................................................

....................................................................................................................................................

**10** Les élèves pourront faire de nouveau du sport dans le gymnase, dès qu(e) .........................

....................................................................................................................................................

### LE GÉRONDIF

**2** **Courrier des lecteurs.**

*Réécrivez cette lettre en utilisant des gérondifs, partout où cela est possible.*

> J'ai beaucoup apprécié votre dernier dossier sur « l'illettrisme, ses causes, ses remèdes ». Quand je vous
> ai lu, il m'est venu à l'esprit l'expérience de L'école sans murs, association qui propose une solution
> originale pour combattre l'illettrisme : aller en priorité vers les familles en difficulté. J'ai entendu dire
> que cette association obtenait de remarquables résultats grâce à différentes actions qui consistaient à :
> D'abord : – se rendre dans les quartiers « sensibles »,
>         – rencontrer associations et services municipaux,
>         – détecter les familles en mal d'intégration sociale.

Ensuite : organiser des séances pédagogiques : chaque jour, des professionnels de l'éducation offrent un suivi pédagogique aux enfants en difficulté. Un principe : s'adapter à chacun tel qu'il est, quels que soient son contexte socioculturel, son âge et son niveau.

Enfin, mettre à disposition des enfants et de leur famille des bibliothèques de rue qui leur permettent d'écouter des lectures.

M. Alix (Nîmes, Gard)

..................................................................................................................................
..................................................................................................................................
..................................................................................................................................
..................................................................................................................................
..................................................................................................................................
..................................................................................................................................
..................................................................................................................................
..................................................................................................................................
..................................................................................................................................
..................................................................................................................................

# EXPRIMER UN RAPPORT D'ANTÉRIORITÉ OU DE POSTÉRIORITÉ ENTRE DEUX ACTIONS, EXPRIMER UN POINT DE VUE SUBJECTIF

**3** **Avancées sociales.**

*Lisez ces divers titres de presse.*

a **VOTE DE LA LOI SUR LES 35 HEURES**
**Les salariés bénéficient de 15 jours de RTT par an.**

b **LES 35 HEURES ENTRENT EN VIGUEUR**
**Les salariés peuvent enfin aménager leur temps de travail.**

c **APPLICATION DES 35 HEURES**
**Moins de travail pour le même salaire.**

d PROMULGATION DE LA LOI SUR LES 35 HEURES
Plus de temps libre pour tous.

e **ASSOUPLISSEMENT DE LA LOI SUR LES 35 HEURES**
**Les salariés de l'entreprise Bidor n'acceptaient pas la modification de leur emploi du temps.**

f ABOUTISSEMENT DES NÉGOCIATIONS EN VUE D'UN AMÉNAGEMENT DES 35 HEURES
Les salariés d'OXIROC étaient en grève depuis trois jours.

*À la manière de commentaires journalistiques, reprenez chaque titre et transformez selon le modèle.*

**1** INSTAURATION DES 35 HEURES CHEZ MONTRON
Les employés ont leur vendredi libre.

▶ *Il était impensable que les employés de chez Montron aient leur vendredi libre AVANT QUE les 35 heures soient/aient été instaurées.*

**a** ......................................................................................................................
......................................................................................................................

**b** ......................................................................................................................
......................................................................................................................

**c** ......................................................................................................................
......................................................................................................................

**d** ......................................................................................................................
......................................................................................................................

**e** ......................................................................................................................
......................................................................................................................

**f** ......................................................................................................................
......................................................................................................................

**2** INSTAURATION DES 35 HEURES CHEZ MONTRON
Les employés ont leur vendredi libre.

▶ *Les employés de chez Montron ont eu leur vendredi libre APRÈS QUE les 35 heures ont été instaurées.*

**a** ......................................................................................................................
......................................................................................................................

**b** ......................................................................................................................
......................................................................................................................

**c** ......................................................................................................................
......................................................................................................................

**d** ......................................................................................................................
......................................................................................................................

**e** ......................................................................................................................
......................................................................................................................

**f** ......................................................................................................................
......................................................................................................................

**4 Les 35 heures.**

*Complétez le texte de cet article avec les expressions suivantes.*

Avant que – depuis que – jusqu'à ce que – dès que – alors que.

---

### HAÏR L'AUTRE QUI N'A PAS DE VACANCES

Tout allait bien ............................ les 35 heures soient entrées en vigueur. À vrai dire, il peut y avoir un effet curieux des 35 heures non prévu par les législateurs sur certains couples mixtes, c'est-à-dire ceux qui vivent le drame du décalage dans l'application de la loi. Avant, leur temps libre était à peu près équilibré mais ............................ la RTT est passée par là, certains ont récupéré plus d'un mois, ............................ leur conjoint ne bénéficiait que de dix jours en plus.

Prenons l'exemple d'un couple composé d'une journaliste et d'un informaticien : ............................ madame part en reportage, comme par hasard, le patron de monsieur impose à ce dernier de prendre la quasi-totalité de sa RTT, soit huit jours sur dix. À son retour, notre journaliste aura encore à consommer les trois semaines de RTT qui lui restent et ce ............................ l'année ne s'achève. De longs jours qu'il faudra occuper sans mari et avec ou sans enfants. Un pur casse-tête où l'on en vient à haïr l'autre qui n'a pas de vacances.

---

## Un temps pour le lexique

**5 Parcours scolaire.**

*Numérotez les phrases suivantes dans l'ordre logique.*

○ **a** Le bac en poche, je suis entré en fac de droit.

○ **b** J'ai donc décidé de redoubler.

○ **c** Et voilà ! C'est comme ça que je suis devenu comédien.

○ **d** Mais comme ça ne m'intéressait pas beaucoup, j'ai changé d'orientation.

○ **e** En terminale, j'avais d'assez mauvais résultats.

○ **f** Cette filière offrait, paraît-il, pas mal de débouchés.

○ **g** Finalement, j'ai décidé de passer le concours d'entrée au conservatoire.

○ **h** J'ai raté mon bac.

## 6 Vrai ou faux ?

*Indiquez si les définitions proposées sont vraies ou fausses.*

| | Vrai | Faux |
|---|---|---|
| **1** Avoir du pain sur la planche : avoir beaucoup de travail devant soi. | | |
| **2** Travailler au noir : travailler essentiellement la nuit. | | |
| **3** Avoir un poil dans la main : être très habile de ses mains. | | |
| **4** Effectuer un travail de titan : effectuer un travail très important et difficile. | | |
| **5** Être débordé de travail : ne rien avoir à faire. | | |
| **6** Se la couler douce : ne pas faire beaucoup d'efforts. | | |

## 7 Qui suis-je ?

*Associez chacune des devinettes suivantes à sa réponse.*

**1** Dans l'entreprise, je dirige un groupe de personnes.

**2** Je recherche actuellement un emploi.

**3** Je remplace provisoirement la standardiste qui est en congé maternité.

**4** J'effectue la partie pratique de mes études de commerce au service marketing.

**5** On m'appelle aussi, parfois, « le grand chef ».

**6** C'est moi qui suis chargé, notamment, du recrutement du personnel.

**a** un stagiaire

**b** le DRH[1]

**c** un cadre

**d** un chômeur

**e** un intérimaire

**f** le P-DG[2]

1. Directeur des ressources humaines.
2. Président-Directeur général.

## 8 Histoires de métiers.

*Complétez les phrases ci-dessous à l'aide des verbes suivants.*

Embaucher – postuler – démissionner – exercer (ce métier) – muter – licencier.

**1** Il y a un poste intéressant qui se libère au service technique. Je crois que ........................................

**2** Depuis des mois, l'ambiance est détestable au bureau. J'ai décidé de ........................................

**3** Vous êtes médecin ! C'est amusant, j' ........................................

**4** L'usine où il travaillait a fait faillite ; il ........................................

**5** Si, elle travaille toujours pour la même banque, mais elle ........................................

**6** Il y a une grosse entreprise qui s'implante dans la région ; elle ........................................

## 9 Au boulot !

*Associez chacun des mots familiers à son équivalent en français standard.*

**1** bosser    ○ **a** travailler    ○ **b** diriger une entreprise

**2** un boulot    ○ **a** un bureau    ○ **b** un travail

**3** une boîte    ○ **a** une entreprise    ○ **b** un ordinateur

**4** virer quelqu'un    ○ **a** féliciter quelqu'un    ○ **b** licencier quelqu'un

**5** pistonner quelqu'un    ○ **a** appuyer la candidature de quelqu'un    ○ **b** persécuter quelqu'un au travail

**10** **Offre d'emploi.**

*Lisez l'offre d'emploi suivante et retrouvez les termes qui manquent (il y a parfois plusieurs possibilités).*

# PHONE SERVICES

.............................. **hôtesses d'accueil en entreprise.**

Nombreux ............................. à pourvoir,
à temps ............................ ou
à temps ............................
pour des ............................ allant de 2 à 9 mois.

Vous êtes souriante, dynamique, vous avez le goût du contact, vous bénéficiez déjà d'une ............................ dans le domaine de l'accueil et d'une solide ............................ en informatique.

Rejoignez le n° 1 français de l'accueil en entreprise, fort de ses 15 ans d'expérience avec un chiffre d'affaires de 25 M€ et employant 1 300 ............................ ............................................

........................ : 8,10 € brut/heure.

Adressez votre ............................ accompagné d'une lettre de motivation et d'une photo au
31, rue de la Chapelle – 75018 PARIS
01 56 23 47 96
http://www.phone-services.com

**11** **Jobs d'été.**

*Le magazine **L'Étudiant** vous demande de rédiger un article consacré aux jobs d'été.*

*Sur le modèle de l'exemple suivant, imaginez en quoi consistent deux ou trois des jobs de la liste ci-dessous, quel est le profil idéal pour postuler et quels sont les avantages d'un tel emploi.*

---

# À CHACUN SON CALVAIRE

## DISTRIBUTEUR DE JOURNAUX

Vous adorez dormir tard le matin ? Alors, un conseil : rendormez-vous ! Par contre, si vous êtes prêt(e) à commencer votre journée à l'heure où d'autres rentrent de soirée, ce job est fait pour vous ! Vous débutez la journée au dépôt, vers trois ou quatre heures du matin ; là, vous êtes chargé(e) de récupérer des piles de journaux que vous devez ensuite distribuer dans les boîtes aux lettres des abonnés. Attention, la possession d'une voiture ou d'un deux-roues est généralement requise pour pouvoir postuler.

**Avantage :**
Vous pouvez profiter du reste de la journée.

---

**Autres jobs possibles** : livreur de pizzas – travailleur agricole – serveur dans un restaurant – barman dans une boîte de nuit – vendeur de glaces sur la plage – baby-sitter – testeur de médicaments.

**1** ................................................................................................................
................................................................................................................
................................................................................................................
................................................................................................................

**2** ................................................................................................................
................................................................................................................
................................................................................................................
................................................................................................................

**3** ................................................................................................................
................................................................................................................
................................................................................................................
................................................................................................................

## Prêts pour la grammaire

**LES TEMPS DU RÉCIT : IMPARFAIT, PASSÉ COMPOSÉ, PASSÉ SIMPLE ET PLUS-QUE-PARFAIT**

**1** **Dernier hommage à Saint Laurent.**

*Complétez le texte suivant. Mettez les verbes entre parenthèses au temps qui convient (passé simple, imparfait ou plus-que-parfait).*

Ce ............................................ (être) hier à 18 heures. Deux mille invités ............................................ (investir) le forum où mille chaises dorées Napoléon III ............................................ (recréer) le décor précieux d'un défilé de mode.

À 19 heures, le spectacle ............................................ (s'ouvrir) sur le premier modèle créé en 1962 : caban marin, pantalon blanc. Passé et présent confondus, trois cents modèles ............................................ (suivre), mariant à trente créations d'aujourd'hui les grands numéros d'hier qui ............................................ (remuer) le souvenir de ceux qui ............................................ les (connaître) et ............................................ (stupé-fier) les autres. Pour présenter 200 modèles en moins d'une heure et quart, toutes les femmes de la maison ............................................ (se faire) habilleuses, et les mannequins, regroupés par thème, ............................................ (sortir) de scène par des trappes invisibles... La musique, par vagues, ............................................ (porter) notre émotion.

Tout à coup, tandis que ............................................ (s'immobiliser) le premier smoking de 1962 et le dernier de 2002, quarante autres ............................................ (faire) leur entrée. Alors, Catherine Deneuve et Laetitia Casta ............................................ (se lever), puis, le bras tendu vers les coulisses, elles l'............................................ (appeler) d'un geste. Et il ............................................ (apparaître) pour la dernière fois sur un podium. Deux mille personnes debout ............................................ (crier) leur admiration, leur bonheur.

D'après J. Samet, *Le Figaro*, 23 janvier 2002.

## ② Questionnaire : Connaissez-vous Victor Hugo ?

*1 Complétez en accordant le participe passé si nécessaire.*

*2 Répondez au questionnaire en vous aidant d'une encyclopédie.*

**Question 1 :** Des vers, il en a écrit...... beaucoup, mais quels ont été...... ses tout premiers ?
- ⭕ **a** « Le grand Napoléon combat comme un lion. »
- ⭕ **b** « La mer est un mystère bien plus grand que la terre. »

**Question 2 :** Sa fille Léopoldine est né...... alors que :
- ⭕ **a** Victor Hugo avait 35 ans.
- ⭕ **b** Victor Hugo avait 22 ans.

**Question 3 :** *Les Misérables* ont été publié...... :
- ⭕ **a** en 1862 ;
- ⭕ **b** en 1884.

**Question 4 :** Juliette Drouet, sa maîtresse qu'il a tant aimé......, est mort...... :
- ⭕ **a** avant lui ;
- ⭕ **b** après lui.

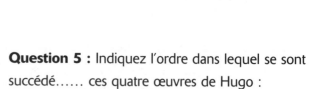

**Question 5 :** Indiquez l'ordre dans lequel se sont succédé...... ces quatre œuvres de Hugo :
- ⭕ **a** *Notre-Dame de Paris.*
- ⭕ **b** *Les Misérables.*
- ⭕ **c** *Quatre-Vingt-Treize.*
- ⭕ **d** *Les Contemplations.*

**Question 6 :** Quelle est la dernière phrase qu'il a écrit...... dans *Choses vues*, le 19 mai 1885, trois jours avant sa mort ?
- ⭕ **a** « Aimer, c'est vivre. »
- ⭕ **b** « Aimer, c'est agir. »
- ⭕ **c** « Aimer, c'est grandir. »

**3** **Styles d'écriture.**

*Voici un extrait de synopsis de film. Faites les transformations suivantes.*

*1 Mettez les verbes entre parenthèses aux temps du passé qui conviennent (imparfait ou passé composé) pour mettre en évidence premier plan et arrière-plan.*

Brusquement, il ............................ (est pris) d'un sentiment d'oppression si fort qu'il ............................ (se dirige) vers la fenêtre. Il ............................ (tire) les rideaux. Ça ............................ (est) le choc : il ............................ (neige) à gros flocons. Sur les pavés de la cour, on ............................ (peut) voir des traces de pas. Cette neige le ............................ (rassure) : elle lui ............................ (apporte) le seul message d'espoir qu'il ............................ (peut) entendre : que tout passe, que tout recommence, que tout meurt, que tout renaît…

Il ............................ (neige) aussi quand, quelques jours plus tard, il ............................ (rencontre) Agathe au cours d'un cocktail.

*2 Pour parfaire la transformation, réécrivez le passage à la manière d'un roman : utilisez, quand il le faut, le passé simple.*

............................................................................................................................
............................................................................................................................
............................................................................................................................
............................................................................................................................
............................................................................................................................
............................................................................................................................
............................................................................................................................

## L'ACCORD DU PARTICIPE PASSÉ

**4** **Le message.**

La porte que quelqu'un a ouverte
La porte que quelqu'un a refermée
La chaise où quelqu'un s'est assis
Le chat que quelqu'un a caressé
Le fruit que quelqu'un a mordu
La lettre que quelqu'un a lue
La chaise que quelqu'un a renversée
La porte que quelqu'un a ouverte
La route où quelqu'un court encore
Le bois que quelqu'un traverse
La rivière où quelqu'un se jette
L'hôpital où quelqu'un est mort.

Jacques Prévert, *Paroles*, © Gallimard, 1946.

*À la manière de Jacques Prévert, écrivez un poème en vers libres.*

*Complétez chaque vers en imaginant une action formulée au passé composé. Attention aux accords !*

**Excursion**

La voiture qu'ils ...................................................................................................................

Le voyage qu'ils ...................................................................................................................

Le restaurant où ils ...............................................................................................................

La promenade qu'ils ..............................................................................................................

L'hôtel où ils .........................................................................................................................

Tous ces souvenirs qu'ils ........................................................................................................

## LES MARQUEURS CHRONOLOGIQUES

**5** **Femmes célèbres.**

*Complétez cette biographie de Marguerite Yourcenar. Choisissez le marqueur qui convient.*

Marguerite Yourcenar (anagramme de Crayencour) est née à Bruxelles le 8 juin 1903 d'un père français et d'une mère belge.

Elle publia ........................... un recueil de poèmes : *Les Dieux ne sont pas morts.* C'est seulement en 1929 que parut son premier récit, *Alexis ou le Traité du vain combat.* ..........................., en 1938, paraît un recueil de nouvelles, *Nouvelles orientales,* et, ..........................., *Le Coup de grâce,* qui est considéré comme son premier chef-d'œuvre. Peu après, elle s'installe définitivement aux États-Unis. ........................... elle partagera son temps entre l'écriture et les voyages.

Le succès considérable des *Mémoires d'Hadrien* en 1951 lui valut d'acquérir une très grande audience. Peu à peu, l'âge venant, elle renonça aux voyages pour ne se consacrer qu'à l'écriture. En 1980, elle est la première femme à entrer à l'Académie française, ce qui constituait ........................... un événement considérable puisqu'il vint rompre un ordre établi depuis trois siècles. Elle meurt en 1987 dans sa maison de Petite-Plaisance.

## Un temps pour le lexique

**6** **Quelle culture ?**

*Les mots suivants sont souvent associés à la notion de culture. Classez-les en fonction du sens que revêt ce terme.*

L'érudition – les coutumes – les acquis – le savoir – les mœurs – l'éducation – les usages – la formation – la science – les traditions.

| Culture = connaissance | Culture = civilisation |
|---|---|
| ............................................. | ............................................. |
| ............................................. | ............................................. |
| ............................................. | ............................................. |
| ............................................. | ............................................. |
| ............................................. | ............................................. |

**7** **Mêle-mots.**

*Retrouvez les différentes professions associées à la culture qui se cachent dans la grille ci-contre : il y en a quatre horizontalement, trois verticalement et deux en diagonale.*

| P | I | T | N | N | F | G | P | N | P | C | Q |
|---|---|---|---|---|---|---|---|---|---|---|---|
| R | H | S | B | A | X | Z | F | O | N | O | W |
| Y | A | I | H | M | L | V | R | K | E | U | J |
| S | C | U | L | P | T | E | U | R | D | T | C |
| A | H | J | B | O | N | X | K | P | O | U | E |
| Y | A | G | D | M | S | P | B | S | J | R | C |
| N | N | A | X | Z | Q | O | F | U | E | I | A |
| T | T | S | V | L | N | E | P | H | L | E | H |
| P | E | I | N | T | R | E | G | H | U | R | V |
| R | U | P | M | U | S | I | C | I | E | N | T |
| O | R | I | T | E | I | E | U | A | K | Z | E |
| C | O | M | P | O | S | I | T | E | U | R | N |

**8** **Quel genre littéraire ?**

*Associez chacune des phrases suivantes au style littéraire qui lui correspond.*

**1** Il était une fois une jeune princesse blonde comme les blés et jolie comme un cœur ; les gens du royaume l'avaient surnommée la princesse Joli-Cœur.

**2** 15 h 34. Cela faisait très exactement vingt-sept minutes que la femme en noir était entrée dans le café. L'inspecteur Chang alluma une nouvelle cigarette, la troisième depuis son arrivée devant les Deux Magots.

**3** Jessica comprit soudain que plus rien ne pourrait désormais les séparer : leurs deux cœurs étaient scellés à jamais. Alors, le souffle coupé, elle murmura comme un aveu :
– Luigi, je vous aime.

**4** Ô triste, triste était mon âme
À cause, à cause d'une femme.

**5** Après la mort de sa fille Léopoldine (1843), Victor Hugo se consacre à la politique : il devient député en 1848.

**6** Le développement psychique qui débute dès la naissance et prend fin à l'âge adulte est comparable à la croissance organique : comme cette dernière, il consiste en une marche vers l'équilibre.

**a** un polar
**b** un roman à l'eau de rose
**c** une biographie
**d** un essai
**e** un poème
**f** un conte

## 9 Mots croisés.

*Complétez la grille de mots croisés à l'aide des définitions.*

**1** Représentation d'une personne.

**2** Personne ou objet dont l'artiste reproduit l'image.

**3** Bordure qui entoure un tableau.

**4** Lieu où travaille un artiste.

**5** Synonyme de tableau.

**6** Objet sur lequel le peintre pose son tableau.

**7** Réception donnée pour l'ouverture d'une exposition de peinture.

**8** Un tableau représentant des objets inanimés s'appelle une *nature*…

## 10 Vrai ou faux ?

*Indiquez si les définitions proposées sont vraies ou fausses.*

| | Vrai | Faux |
|---|---|---|
| **1** Un chef-d'œuvre : un chef d'orchestre. | | |
| **2** Un critique d'art : un article qui commente une œuvre d'art. | | |
| **3** Un recueil de poésies : un ouvrage réunissant des poèmes. | | |
| **4** Une galerie de peinture : un atelier d'artiste. | | |
| **5** Un morceau d'anthologie : un extrait d'une œuvre de très grande qualité. | | |
| **6** La préface d'une œuvre : le texte d'introduction placé en tête d'un livre. | | |

## 11 Le mot juste.

*Entourez le mot souligné qui convient pour chacune des phrases suivantes.*

**1** Ce peintre a réalisé <u>une œuvre/un ouvrage</u> considérable.

**2** Avant d'être reconnus, ses tableaux étaient fortement <u>décriés/décrits</u>.

**3** Très tôt, on a remarqué qu'il avait aussi <u>un don/une donation</u> pour la sculpture.

**4** Comme beaucoup d'artistes, il a d'abord mené une vie <u>de bohème/de bohémien</u>.

**5** Lorsqu'ils découvrent ses tableaux, la plupart des visiteurs sont <u>subjugués/sublimés</u> par le travail de la lumière.

**6** Amateur d'art, il a rencontré quelques-uns des plus grands <u>collectionneurs/collecteurs</u> de Paris.

## 12 Autobiographie.

*Retracez les grandes étapes de votre vie dans une courte autobiographie rédigée :*

*– soit à la première personne du singulier **(je)**, soit à la troisième **(il/elle)** ;*

*– soit au passé composé, soit au passé simple (si vous souhaitez lui donner un style plus littéraire) ;*

*– sur le ton de votre choix : élogieux, humoristique, ironique, dramatique…*

...........................................................................................................................................................

...........................................................................................................................................................

...........................................................................................................................................................

...........................................................................................................................................................

...........................................................................................................................................................

...........................................................................................................................................................

...........................................................................................................................................................

...........................................................................................................................................................

...........................................................................................................................................................

...........................................................................................................................................................

...........................................................................................................................................................

...........................................................................................................................................................

...........................................................................................................................................................

# Unité 7 : **NOUVELLE DONNE, NOUVEAUX DÉFIS**

## Prêts pour la grammaire

### RAPPORTER DES PAROLES PASSÉES : LA CONCORDANCE DES TEMPS

**1** **Pourquoi Porto Alegre est-il devenu majeur ?**

*À la veille du deuxième rassemblement de Porto Alegre (31 janvier 2002), un journaliste recueille les réponses de quelques acteurs de la société civile, économique et politique.*

*Rapportez leurs paroles au passé. Utilisez des verbes introducteurs variés :* ***dire/déclarer/affirmer que –*** ***ajouter/préciser que/poursuivre/terminer/conclure en ajoutant/en disant que***.

**1** **Anne Ch. Harbard,**
**secrétaire générale**
**de la Fédération internationale**
**des droits de l'homme**

« Porto Alegre est le symbole de la réappropriation du politique, à l'image des mouvements de désobéissance civile qui ont émaillé les années 60 aux États-Unis. C'est un mouvement profond dont on ne voit que les prémices. Il vise d'abord à pousser les politiques à se réapproprier des champs d'intervention qu'ils ont désertés, comme leur devoir de demander des comptes aux institutions internationales, aux multinationales, aux agences de crédit à l'exportation qui travaillent trop souvent en toute impunité. Le réveil citoyen a commencé à porter ses fruits, concrète-ment, on l'a vu avec les droits de propriété intellectuelle sur les médicaments qui ont sauté récemment au nom du droit à la santé. »

*Anne Ch. Harbard a* .............................................. *que* .........................................

......................................................................................................................................

......................................................................................................................................

......................................................................................................................................

......................................................................................................................................

......................................................................................................................................

......................................................................................................................................

......................................................................................................................................

......................................................................................................................................

**2 Mike Moore, directeur de l'OMC (Organisation mondiale du commerce)**

« Je serai peut-être à Porto Alegre l'année prochaine. Aujourd'hui, je me rends au Forum économique mondial pour parler avec des chefs d'État et des chefs d'entreprise des nouvelles négociations commerciales entamées à l'OMC et de la nécessité que celles-ci profitent en priorité aux pays les plus pauvres. Mais je trouve légitime que la société civile souhaite simultanément prendre la parole. Depuis Seattle, il est évident que les organisations non gouvernementales ont une part importante à jouer dans les débats mondiaux. Afin d'améliorer le dialogue avec la société civile, l'OMC fait de gros efforts de transparence. Dans le même esprit de coopération, la société civile devrait prendre ses distances avec les lanceurs de pierres masqués qui saccagent les magasins au nom de la justice. »

*Mike Moore a* ........................................... *que* ....................................................

..................................................................................................................................

..................................................................................................................................

..................................................................................................................................

..................................................................................................................................

..................................................................................................................................

..................................................................................................................................

..................................................................................................................................

..................................................................................................................................

..................................................................................................................................

..................................................................................................................................


**3 Ricardo Navarro, président international des Amis de la Terre**

« Grâce à Porto Alegre, les mentalités changent lentement. Parallèlement, la course contre la montre est lancée et notre terre est de moins en moins durable, de moins en moins soutenable. Pourquoi, par exemple, n'enseigne-t-on pas encore la géopolitique de l'eau dans les universités, plus grand problème du XXI$^e$ siècle, et laisse-t-on cela aux ONG ? Que faire pour qu'on comprenne enfin que la dette ne génère pas que de l'injustice mais aussi des drames écologiques ? Au nom de quoi le Bangladesh, qui verra bientôt ses terres inondées, devra supporter le refus des États-Unis de signer le protocole de Kyoto sur l'effet de serre ? On peut bien nous taxer d'antiaméricanisme, nous sommes seulement antisystémiques, contre un système qui "homogénéise" plutôt que "biodiversifie". »

*Ricardo Navarro a* ........................................... *que* ....................................................

..................................................................................................................................

..................................................................................................................................

..................................................................................................................................

..................................................................................................................................

..................................................................................................................................

..................................................................................................................................

..................................................................................................................................

..................................................................................................................................

..................................................................................................................................

## METTRE EN RELIEF UN ÉLÉMENT DU DISCOURS

### **2** Veulent-ils vraiment sauver la planète ?

*Mettez en relief les éléments soulignés.*

> Le sommet de la Terre à Rio a suscité <u>une réelle prise de conscience</u> mais, dix ans après, on attend toujours <u>des actes</u> en faveur de la protection de l'environnement. En attendant, <u>de nombreux symptômes</u> alarmants nous indiquent que notre planète est de plus en plus menacée : le climat se réchauffe, les sols se dégradent, le désert progresse, la pollution de l'eau augmente et, chaque jour, la Terre perd peu à peu de sa biodiversité. C'est pourquoi, lundi, plus de cent chefs d'État et 60 000 délégués se réunissent à Johannesburg. Ils doivent prouver en dix jours qu'ils veulent vraiment secourir la Terre. « Nous avons <u>deux défis prioritaires</u> à relever lors de ce sommet. D'une part, réduire de moitié la pauvreté dans le monde d'ici à 2015. En effet, comment sensibiliser des personnes à la protection de leur environnement quand, pour se nourrir et se chauffer, il leur est nécessaire de lui nuire ? Nous devons, d'autre part, parler de <u>nos modes de production et de consommation trop polluants</u> et éviter qu'ils ne fassent école dans les pays du Sud », explique la directrice du programme des Nations unies pour l'environnement.
>
> *Le Figaro magazine*, 24 août 2002.

**1** *Ce qu'a suscité le sommet de la Terre à Rio, c'est une réelle prise de conscience.*

**2** ...................................................................................................................

**3** ...................................................................................................................

**4** ...................................................................................................................

**5** ...................................................................................................................

## COMPRESSER UNE INFORMATION : LE RECOURS À LA NOMINALISATION

### **3** Presse écrite.

*Proposez un titre pour ces différentes nouvelles. Utilisez un nom. Plusieurs formulations sont possibles.*

**1** Hier encore, les quinze militants antimondialistes qui avaient été interpellés au cours de la manifestation anti-OGM n'avaient toujours pas été relâchés.

...................................................................................................................

**2** Après trois semaines passées sous les verrous, José Bové va recouvrer la liberté lundi prochain.

...................................................................................................................

**3** Plus de 1 500 sympathisants antimondialisation ont défilé hier à Paris pour dénoncer la politique gouvernementale actuelle. Le rassemblement s'est terminé sous des applaudissements nourris.

...................................................................................................................

**4** Le commerce « éthique » est né pour permettre aux populations du tiers-monde de vendre leurs produits d'artisanat à des groupements leur garantissant un bénéfice correct. Depuis sa création, le label « commerce éthique » est de plus en plus présent dans les boutiques parisiennes.

...................................................................................................................

**5** Les McDonald's veulent séduire les Français en leur proposant des préparations faites à partir de différents produits du terroir.

...................................................................................................................

# Un temps pour le lexique

**4** ☺ ou ☹ ?

*Associez l'un des symboles ci-dessus à chaque adjectif selon qu'il exprime la confiance ou l'inquiétude.*

| | | | | |
|---|---|---|---|---|
| ............... | **1** périlleux | | ............... | **7** menaçant |
| ............... | **2** risqué | | ............... | **8** sûr |
| ............... | **3** inoffensif | | ............... | **9** dangereux |
| ............... | **4** pernicieux | | ............... | **10** sinistre |
| ............... | **5** délicat | | ............... | **11** encourageant |
| ............... | **6** prometteur | | ............... | **12** hasardeux |

**5** Qui suis-je ?

*Associez chaque devinette au personnage qui lui correspond.*

**1** Je m'exprime au nom d'un groupe de personnes.

**2** Je suis hostile aux idées proposées.

**3** Je lutte pour le respect de mes idées.

**4** Je descends dans la rue, avec d'autres personnes, pour exprimer mon mécontentement.

**5** Je suis pour un mouvement d'idées.

**6** J'arrête de travailler en signe de protestation.

**a** un partisan

**b** un gréviste

**c** un manifestant

**d** un porte-parole

**e** un opposant

**f** un militant

**6** Le mot juste.

*Notez le nom qui correspond à chacun des verbes suivants.*

**1** lutter      *une lutte*

**2** se battre      ...........................

**3** s'insurger      ...........................

**4** se rebeller      ...........................

**5** contester      ...........................

**6** menacer      ...........................

**7** refuser      ...........................

**8** adhérer      ...........................

**9** avertir      ...........................

**10** sensibiliser      ...........................

**11** défendre      ...........................

**12** interdire      ...........................

**7** **De l'éthique sur l'étiquette.**

*Complétez l'article ci-dessous à l'aide des mots suivants. (Il faut utiliser certains mots plusieurs fois.)*

Rejoindre – faire pression – syndicat – respecter – social – adhérer – radical – boycott – surexploiter – collectif – se battre – équitable – sensibiliser – obliger – militant.

> Rien ne destinait Pascal Erard à devenir le coordinateur du ........................... De l'éthique sur l'étiquette. Rien, sinon que « tout être humain a envie de se sentir utile ». Alors, étudiant, il ........................... à la Ligue des droits de l'homme. En 1993, Pascal ........................... Artisans du monde, un réseau de boutiques qui permet à des producteurs du Sud – planteurs de café du Chiapas, artisans du Népal – de vendre à un « prix ........................... » : 25 % du prix payé par le client doivent revenir aux producteurs. « Je me sens proche de José Bové et d'Attac, mais je préfère construire plutôt que démonter un McDonald's. » En 1995, Pascal jubile : lui et ses amis amènent 53 associations et ........... à se regrouper dans le ........................... De l'éthique sur l'étiquette. L'objectif ? Faire en sorte que les pays du tiers-monde ne produisent plus à bas prix, en ........................... salariés et paysans, en faisant travailler des enfants. Plutôt que d'agiter l'arme du ..........................., trop ........................... et préjudiciable aux ........................... syndicaux qui ........................... sur place, le collectif ........................... sur les enseignes de la grande distribution pour qu'elles ........................... leurs fournisseurs et sous-traitants à ........................... le droit du travail. Comment ? En ........................... les consommateurs au principe du « label social », qui garantit que le produit a été fabriqué dans des conditions ........................... correctes. Et ça marche : neuf Français sur dix se déclarent prêts à acheter « juste », quitte à payer un peu plus cher.
>
> *Le Nouvel Observateur*, 11 avril 2002.

**8** **Langues et attitudes.**

*Complétez le tableau suivant. Indiquez ensuite ce que signifient les suffixes des colonnes 1, 2 et 3.*

| | 1 | 2 | 3 |
|---|---|---|---|
| anglais | *anglophone* | *anglophile* | *anglophobe* |
| français | ............................... | ............................... | ............................... |
| allemand | ............................... | ............................... | ............................... |
| espagnol | ............................... | ............................... | ............................... |
| portugais | ............................... | ............................... | ............................... |

**1** ..........................................................................................................................................
..........................................................................................................................................

**2** ..........................................................................................................................................
..........................................................................................................................................

**3** ..........................................................................................................................................
..........................................................................................................................................

### 9 L'antimondialisation.

*À partir de quelques-uns des commentaires suivants et de ce que vous savez de José Bové, rédigez un article destiné à un journal francophone de votre pays.*

*– Imaginez un titre.*

*– Présentez José Bové.*

*– Indiquez la manière dont il est perçu en France.*

## CE QU'ILS PENSENT DE JOSÉ BOVÉ

**PATRICK POIVRE D'ARVOR*** (TF1)

« La réussite médiatique de José Bové tient au fait qu'il a apporté quelque chose de différent dans l'univers paysan et syndicaliste. Ajoutez à cela ses moustaches, le roquefort, le Larzac et vous obtenez l'archétype français du rebelle. »

**RACHID ARAB*** (France 2)

« Je pense qu'il est sincère, c'est en tous les cas ce qui a séduit les Français, d'accord ou non avec son discours. Naturel, efficace, pas trop langue de bois, voilà ce qui plaît en lui. »

**MAC LESGGY*** (M6)

« Si José Bové a explosé médiatiquement, c'est parce qu'il est entré en phase avec les préoccupations du public touchant à la qualité de la nourriture. »

**ARLETTE CHABOT*** (France 2)

« Je pense que son succès dépend de deux éléments : premièrement, son combat est populaire car il n'est pas contre McDo mais contre la malbouffe en général et cela lui donne un côté sympa. Deuxièmement, il est naturel, il parle comme tout le monde. Il est franc, il sourit. »

**ARIEL WIZMAN*** (Canal +)

« C'est quelqu'un d'ultra sincère. Pour moi, je pense que ce phénomène n'est que le début. Ce sera un homme important. Il a les ressources morales et psychologiques pour aller très loin. Il possède une sincérité qui ne trompe pas. »

*Midi libre, 27 juin 2000.*

* Journaliste à la télévision française.

## Prêts pour la grammaire

### LA PLACE DES ADJECTIFS

**1** **Portraits.**

*1 Complétez la consigne et exécutez-la.*

Dessinez une jeune …………………………

qui a un joli …………………………,

une belle …………………………,

de grands …………………………,

et un petit ………………………… .

*2 Complétez la consigne et exécutez-la. Utilisez, au choix, les adjectifs suivants.*

Gros – petit – grand – jeune – beau (bel, belle) – vieux (vieil, vieille) – bon.

Dessinez un ………………………… homme

avec de ………………………… moustaches,

un ………………………… nez,

mais une ………………………… tête.

**2** **Appréciations.**

*Jonglez avec la place des adjectifs.*

La majorité des adjectifs s'utilisent **après le nom**\*. On peut cependant utiliser les adjectifs de type appréciatif **avant le nom** pour insister sur la qualité. Pour obtenir le même effet, on peut aussi utiliser *tout à fait/vraiment* avec l'adjectif à la place habituelle.

\* Sauf les adjectifs vus dans l'exercice précédent.

*Un sport remarquable, un remarquable sport !*

*Transformez les phrases suivantes comme dans l'exemple.*

– C'est un produit **remarquable**.

▶ – *Oui, je dirais même que c'est un* **remarquable** *produit.*

– *Oui, je dirais même que c'est un produit tout à fait/vraiment* **remarquable**.

**1** Elle a acheté une crème de nuit <u>étonnante</u>.

.................................................................................................................

.................................................................................................................

**2** C'est un régime <u>excellent</u>.

.................................................................................................................

.................................................................................................................

**3** Il est victime d'un surpoids <u>inquiétant</u>.

.................................................................................................................

.................................................................................................................

**4** Elle s'est fait opérer mais pour un résultat <u>lamentable</u>.

.................................................................................................................

.................................................................................................................

**5** C'est une découverte <u>extraordinaire</u>.

.................................................................................................................

.................................................................................................................

**6** Sa fille a suivi une méthode <u>abominable</u> pour maigrir.

.................................................................................................................

.................................................................................................................

**3** **Travail sale ou sale travail ?**

*Changez le sens des adjectifs. Donnez la signification de chacune de ces formules.*

**1** Vous évoquez une qualité inhérente à l'objet, à la personne.

Vous dites :

*(Adjectif après le nom)*

**a** un travail sale

(un travail qui n'est pas propre)

**b** un adolescent curieux

.............................................................

**c** un médecin cher

.............................................................

**d** une salle de bains propre

.............................................................

**e** une fille pauvre

.............................................................

**f** une indication fausse

.............................................................

**g** le mois dernier

.............................................................

**2** Vous exprimez comment vous comprenez ou pressentez l'objet ou la personne.

Vous dites :

*(Adjectif avant le nom)*

**a** un sale travail

(un travail que vous trouvez repoussant)

**b** un curieux adolescent

.............................................................

**c** mon cher médecin

.............................................................

**d** ma propre salle de bains

.............................................................

**e** une pauvre fille

.............................................................

**f** une fausse indication

.............................................................

**g** le dernier mois

.............................................................

## EXPRIMER UNE FINALITÉ

**4** **Temples de la beauté.**

*Voici une liste de lieux voués à l'esthétique et/ou à la santé.*

    **a** une salle de gymnastique

    **b** un centre de thalassothérapie

    **c** un salon de coiffure

    **d** une boutique de vêtements

    **e** une cabine d'UVA

    **f** un cabinet de diététique

    **g** une clinique de chirurgie plastique

    **h** une parfumerie

*1 Précisez la finalité de ces lieux. Utilisez **pour que** et **afin que** + subjonctif.*

    *un cabinet de manucure*

    ▶ *Il y a des cabinets de manucure **pour que/afin** que les femmes aient toujours de belles mains.*

    **a** .................................................................................................................

    **b** .................................................................................................................

    **c** .................................................................................................................

    **d** .................................................................................................................

    **e** .................................................................................................................

    **f** .................................................................................................................

    **g** .................................................................................................................

    **h** .................................................................................................................

*2 Expliquez pourquoi vous vous rendez dans ces lieux. Utilisez **pour/afin de** + infinitif.*

    *un cabinet de manucure*

    ▶ *Je vais dans un cabinet de manucure **pour avoir** des mains bien soignées.*

    **a** .................................................................................................................

    **b** .................................................................................................................

    **c** .................................................................................................................

    **d** .......................................................................................

    .......................................................................................

    **e** .......................................................................

    .......................................................................

    **f** ...............................................................

    ...............................................................

    **g** .......................................................

    .......................................................

    **h** .......................................................

    .......................................................

## CONSEILLER, SOULIGNER UN BESOIN, UNE NÉCESSITÉ, FAIRE DES RECOMMANDATIONS

**5** **Leçons de maintien.**

*Reportez-vous au tableau grammatical de la p. 110 du livre de l'élève. Utilisez les différentes formules proposées pour donner quelques conseils et recommandations à ces différentes personnes.*

**1** ..................................................
..................................................
..................................................
..................................................
..................................................
..................................................
..................................................
..................................................
..................................................

**2** ..................................................
..................................................
..................................................
..................................................
..................................................
..................................................
..................................................
..................................................
..................................................

**3** ..................................................
..................................................
..................................................
..................................................
..................................................
..................................................
..................................................
..................................................
..................................................

## Un temps pour le lexique

**6** **Variations autour d'un même terme.**

*Complétez le tableau suivant.*

| | Adjectif | Verbe | Noms |
|---|---|---|---|
| | mince | *mincir* | *la minceur, l'amincissement* |
| **1** | maigre | ...................... | .................................. |
| **2** | gros(se) | ...................... | .................................. |
| **3** | beau, bel, belle | ...................... | .................................. |
| **4** | laid(e) | ...................... | .................................. |
| **5** | jeune | ...................... | .................................. |
| **6** | vieux, vieil, vieille | ...................... | .................................. |

**7** **L'intrus.**

*Trouvez l'intrus dans les groupes de mots suivants.*

1 ◯ fluet ◯ gros ◯ enveloppé ◯ corpulent
2 ◯ mignon ◯ ravissant ◯ repoussant ◯ joli
3 ◯ mince ◯ élancé ◯ svelte ◯ maigre
4 ◯ moche ◯ vilain ◯ sale ◯ affreux
5 ◯ squelettique ◯ athlétique ◯ musclé ◯ baraqué
6 ◯ ordinaire ◯ quelconque ◯ singulier ◯ commun

**8** **Les expressions.**

*Terminez les phrases ci-dessous à l'aide des expressions suivantes.*

Avoir bonne mine – retrouver sa ligne – ne pas faire son âge – avoir une taille de guêpe – prendre de la brioche – être maigre comme un clou.

1 Depuis mon accouchement, j'ai toujours quelques kilos en trop : ..........................................
2 Elle a 75 ans ! Alors là, ..................................................................................................
3 Dis donc, toi, il va falloir que tu arrêtes de boire de la bière ! Tu ...................................
4 On voit que tu rentres de vacances ; tu .........................................................................
5 Avec le stress de ses examens, elle ne mange plus rien ; .................................................
6 Je surveille mon poids en ce moment ; si je veux rentrer dans ma robe pour le mariage, .................

**9** **De la tête aux pieds.**

*Il existe, en français, de très nombreuses expressions populaires construites autour des différentes parties du corps. En voici quelques-unes. Indiquez la signification de chacune d'elles.*

1 avoir l'estomac dans les talons
   ◯ **a** avoir très faim
   ◯ **b** avoir très mal au ventre

2 avoir la tête sur les épaules
   ◯ **a** être complètement stupide
   ◯ **b** être sensé, savoir ce qu'on fait

3 n'avoir que la peau sur les os
   ◯ **a** être extrêmement maigre
   ◯ **b** être très sensible

4 avoir les jambes en coton
   ◯ **a** avoir les jambes très douces
   ◯ **b** être très faible

5 avoir les yeux plus grands que le ventre
   ◯ **a** prendre plus que ce qu'on peut manger
   ◯ **b** être fasciné par quelque chose

6 en avoir plein le dos
   ◯ **a** en avoir assez
   ◯ **b** être souvent accusé d'une erreur

**7** avoir une tête de cochon

    ◯ **a** avoir un visage très laid

    ◯ **b** être têtu

**8** avoir un poil dans la main

    ◯ **a** être très paresseux

    ◯ **b** avoir des talents d'artiste

**9** avoir le bras long

    ◯ **a** aimer la bagarre

    ◯ **b** avoir de l'influence

**10** ne pas avoir froid aux yeux

    ◯ **a** être courageux

    ◯ **b** être particulièrement curieux

## ▣ Associations.

*Reliez chacun des verbes suivants au nom qui lui correspond pour former une expression.*

| | | | |
|---|---|---|---|
| **1** développer | **a** une opération |
| **2** hydrater | **b** un traitement |
| **3** subir | **c** du poids |
| **4** suivre | **d** une maladie |
| **5** perdre | **e** une crème |
| **6** appliquer | **f** une peau |

## ▣ DHEA : la jeunesse éternelle ?

*Complétez l'article ci-dessous à l'aide des termes suivants.*

Maigrir – rajeunir – vivre – remède – mourir – graisse – développer – mort – avaler – biologique – jeunesse – vieillissement.

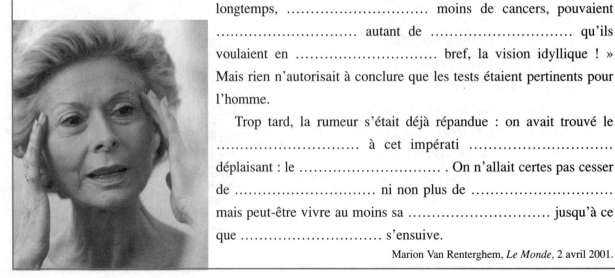

Une étude menée aux États-Unis sur des animaux, dans les années 70, déclenche une grande excitation : soumis à de fortes doses de DHEA, les rats et les lapins se mettent quasiment à danser la java. « C'était spectaculaire, admet le professeur Beaulieu. Les lapins ............................. plus longtemps, ............................. moins de cancers, pouvaient ............................. autant de ............................. qu'ils voulaient en ............................. bref, la vision idyllique ! » Mais rien n'autorisait à conclure que les tests étaient pertinents pour l'homme.

Trop tard, la rumeur s'était déjà répandue : on avait trouvé le ............................. à cet impérati ............................. déplaisant : le ............................. . On n'allait certes pas cesser de ............................. ni non plus de ............................. mais peut-être vivre au moins sa ............................. jusqu'à ce que ............................. s'ensuive.

Marion Van Renterghem, *Le Monde*, 2 avril 2001.

**12 Et les gros ?**

*Imaginez les réponses que la présidente de l'association Allegro Fortissimo a apportées aux questions de la journaliste du magazine **Marie-Claire**.*

## PAROLES DE FEMMES

*Ce mois-ci, dans la rubrique « Paroles de femmes »,*
***Marie-Claire*** *donne la parole à Martine Évenou,*
*présidente de l'association Allegro Fortissimo.*

**ALLEGRO FORTISSIMO**

MARIE-CLAIRE : *Martine Évenou, vous êtes la présidente de l'association Allegro Fortissimo. Depuis quand cette association existe-t-elle ?*
MARTINE ÉVENOU : ...........................................................................................
....................................................................................................................

MARIE-CLAIRE : *Pourquoi cette association a-t-elle été créée ?*
MARTINE ÉVENOU : ...........................................................................................
....................................................................................................................

MARIE-CLAIRE : *De quels types de discriminations les gros sont-ils victimes ?*
MARTINE ÉVENOU : ...........................................................................................
....................................................................................................................

MARIE-CLAIRE : *Pourquoi proposez-vous chaque année un défilé de mode destiné aux gros ?*
MARTINE ÉVENOU : ...........................................................................................
....................................................................................................................

MARIE-CLAIRE : *Qui crée ces vêtements ?*
MARTINE ÉVENOU : ...........................................................................................
....................................................................................................................

MARIE-CLAIRE : *Que voulez-vous dire exactement lorsque vous affirmez votre refus du « morphologiquement correct » ?*
MARTINE ÉVENOU : ...........................................................................................
....................................................................................................................

MARIE-CLAIRE : *Vous faites également, je crois, des propositions pour améliorer certains produits, certains systèmes comme la voiture ou l'avion. Pourriez-vous nous donner un exemple de proposition ?*
MARTINE ÉVENOU : ...........................................................................................
....................................................................................................................

# Unité 9 : LIBERTÉ, ÉGALITÉ, FRATERNITÉ... SOLIDARITÉ

## Prêts pour la grammaire

### EXPRIMER UN ORDRE DE GRANDEUR, DES PROPORTIONS

**1 La pauvreté en France.**

*Observez le tableau statistique ci-dessous et entourez les chiffres qui correspondent aux commentaires soulignés.*

Aujourd'hui, on compte trois fois plus de chômeurs parmi les ménages les plus pauvres que dans l'ensemble des ménages. Ce chômage d'exclusion touche surtout les moins qualifiés : les ménages dont la personne de référence n'a aucun diplôme sont deux fois plus nombreux parmi les pauvres que parmi la population totale. Pas moins de 80 % des plus défavorisés ont un niveau de diplôme inférieur au bac. En termes de groupes sociaux, ce sont les ménages ouvriers qui constituent le groupe le plus important parmi les pauvres : quatre ménages sur dix, contre un peu plus de trois sur dix dans la population totale.

**Qui sont les pauvres ?**

*(ménages selon la personne de référence, en %)*

| | MÉNAGES À NIVEAU DE VIE TRÈS FAIBLE (1) | ENSEMBLE DES MÉNAGES |
|---|---|---|
| **VIE PROFESSIONNELLE** | | |
| Exerce un emploi | 35,6 | 56,0 |
| - dont emploi à durée indéterminée | 17,1 | 43,6 |
| Recherche un emploi | 17,2 | 5,8 |
| En interruption d'activité | 9,4 | 4,1 |
| Retraité | 23,8 | 30,0 |
| Autre, n'a jamais travaillé | 14,0 | 4,1 |
| **CATÉGORIE SOCIALE** | | |
| Agriculteurs exploitants | 16,0 | 5,6 |
| Artisans, commerçants, chefs d'entreprise | 9,1 | 8,6 |
| Professions libérales | 0,1 | 1,2 |
| Cadres, autres professions intellectuelles supérieures | 1,2 | 13,3 |
| Professions intermédiaires | 6,1 | 18,9 |
| Employés | 14,1 | 18,2 |
| Ouvriers | 40,3 | 31,5 |
| Autres | 13,1 | 2,7 |
| - dont étudiants | 10,8 | 1,9 |
| **DIPLÔME** | | |
| Sans diplôme | 41,3 | 22,1 |
| Certificat études primaires | 17,0 | 18,8 |
| CAP, BEP | 15,8 | 18,7 |
| BEPC | 6,6 | 10,8 |
| Bac technique | 3,6 | 4,4 |
| Bac général | 8,7 | 8,2 |
| Diplôme supérieur au bac | 7,0 | 17,0 |

Source : Insee, enquête Conditions de vie, 1994.

1. On entend par ménage « à niveau de vie très faible » les 10 % de ceux qui se situent en bas de l'échelle des revenus par unité de consommation (le premier adulte compte pour un, les autres pour 0,7 et les enfants de moins de 15 ans pour 0,5).

## 2 Le logement des RMIstes.

*Complétez le commentaire accompagnant les camemberts. Utilisez les expressions suivantes et mettez le verbe au pluriel ou au singulier comme il convient. Attention ! Plusieurs expressions de sens équivalent peuvent être utilisées à chaque fois.*

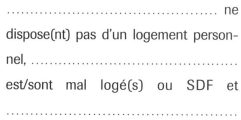

Un sur 10 – une importante majorité –
8 sur 10 – la moitié d'entre eux – 10 % –
50 % d'entre eux – un sur deux.

………………………………… ne dispose(nt) pas d'un logement personnel, ……………………………… est/sont mal logé(s) ou SDF et ……………………………… adultes ne peuvent compter sur la présence d'un autre adulte pour s'épauler (personnes seules ou familles monoparentales).

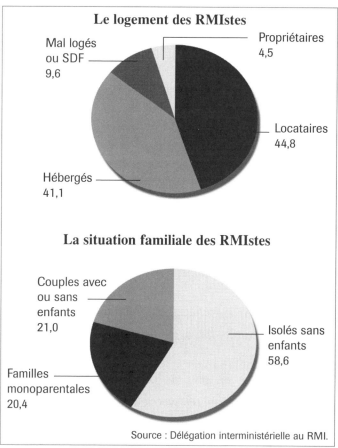

## EXPRIMER UNE OPPOSITION OU UNE CONCESSION

## 3 Que d'injustices !

*1 Lisez ces propos émanant de l'homme de la rue ou des médias.*

*Toutes ces formules véhiculent une idée de paradoxe (P), seules deux d'entre elles expriment une simple idée de contraste (C). Identifiez-les.*

○ **a** Mon voisin est propriétaire de son appartement alors qu'il n'a aucune source de revenu !

○ **b** Tandis que les conseils régionaux et assemblées municipales se sont nettement féminisés, l'Assemblée nationale fait figure de dernier temple du machisme.

○ **c** En Angleterre, à partir de 1870, des dispositions législatives ont permis à la femme de disposer librement de son salaire alors que ce droit n'a été accordé aux Françaises qu'en 1907.

○ **d** Je paie davantage d'impôts qu'avant, alors que je suis pacsé !

○ **e** On a interdit l'entrée de la boîte de nuit à deux jeunes Beurs, alors que leurs amis blancs sont passés sans problème !

○ **f** Il y a des couples homos qui ont pu adopter un enfant alors qu'on a refusé l'adoption à des couples mariés !

○ **g** Il ne donne jamais d'argent aux associations caritatives alors qu'il est immensément riche !

**2** *Reformulez les propos qui contiennent une idée de paradoxe en exprimant une idée de concession. Utilisez* **bien que** *+ subjonctif.*

*Certaines femmes sont mécontentes de leur sort alors que leur mari les aide !*

▶ *Certaines femmes sont mécontentes de leur sort bien que leur mari les aide !*

..................................................................................................................

..................................................................................................................

..................................................................................................................

..................................................................................................................

..................................................................................................................

## EXPRIMER LA CONCESSION

**4** **Les femmes contemporaines.**

Depuis la seconde moitié du XX$^e$ siècle, les conditions de vie de la femme se sont grandement améliorées :

– le travail ménager est facilité par l'usage d'appareils ménagers de plus en plus performants ;

– de plus en plus de conjoints partagent les tâches ménagères avec leur épouse ;

– les formes de travail à temps partiel et les congés de maternité permettent de concilier vie professionnelle et vie familiale ;

– les maternités sont maîtrisées grâce au développement de moyens contraceptifs sûrs (pilule) ;

– le recours à l'avortement en cas de grossesse non désirée a été légalisé ;

– les procédures de divorce ont été simplifiées.

*Faites parler des militantes féministes.*

*Reprenez chaque élément de la liste et utilisez au choix :* **bien que/quoique – même si/malgré – en dépit de**.

– *Bien que de plus en plus de conjoints partagent les tâches ménagères avec leur épouse,*

– ..........................................................................................................

– ..........................................................................................................

– ..........................................................................................................

– ..........................................................................................................

*il reste beaucoup à faire.*

# Un temps pour le lexique

## 5 L'intrus.

*Trouvez l'intrus dans les groupes de mots suivants.*

1 ◯ exclusion     ◯ intégration     ◯ marginalité

2 ◯ xénophobe     ◯ raciste     ◯ sexiste

3 ◯ nanti     ◯ défavorisé     ◯ nécessiteux

4 ◯ aide     ◯ abandon     ◯ assistance

5 ◯ faire la manche     ◯ mendier     ◯ faire un don

6 ◯ unité     ◯ égalité     ◯ parité

## 6 Pour ou contre ?

*Classez les verbes suivants selon qu'ils évoquent un point de vue positif ou négatif.*

Tolérer – condamner – désapprouver – admettre – critiquer – consentir – réprouver – accepter.

| Positif | Négatif |
|---|---|
| ............................................. | ............................................. |
| ............................................. | ............................................. |
| ............................................. | ............................................. |
| ............................................. | ............................................. |

## 7 Discriminations.

*Complétez l'article ci-dessous avec les mots suivants.*

Non-discrimination – racisme – immigration – phobie – discrimination – stigmatiser – racisme – intégrer – cliché.

> Entouré de ses copains, jeunes diplômés issus de l' ..........................................,
> Rachid a décidé de s'attaquer en profondeur à la question des ...........................................
> à l'embauche en créant l'association Autrement. Son objectif : informer les entreprises de la législation
> en vigueur. Les amener à s'engager dans une charte de ........................................... .
> L'association vient ainsi de publier un guide pratique à l'usage des directeurs des ressources
> humaines.
>
> Rachid est un optimiste : « Le pays n'est pas figé, il ........................................... les
> cultures. » Il déteste les sondages : « On ........................................... les gens. En réalité,
> il y a deux profils de ........................................... : la ...........................................
> primaire et le ........................................... involontaire, nourri de ...........................................
> culturels. Cela arrive parfois au cours des entretiens d'embauche. Mais on peut le désamorcer. Notre
> association prépare les jeunes à affronter ce type de situation. »

**8** **Les valeurs des Français.**

*Résumez quelques-unes des réponses qui figurent dans le tableau ci-dessous à l'aide des expressions suivantes.*

La majorité – un … sur deux/trois… – seule une minorité – la plupart – la moitié – les trois quarts – un tiers – nombreux (ou rares) sont les Français qui…

---

> **Voici une liste de qualités que les parents peuvent chercher à encourager chez leurs enfants. Citez celles que vous considérez comme particulièrement importantes.**

| | |
|---|---|
| La tolérance et le respect des autres | 85 % |
| Le sens des responsabilités | 73 % |
| Les bonnes manières | 68 % |
| L'application au travail | 50 % |
| La générosité | 41 % |
| La détermination, la persévérance | 39 % |
| L'esprit d'économie, ne pas gaspiller l'argent ni les choses | 37 % |
| L'obéissance | 36 % |
| L'indépendance | 29 % |
| L'imagination | 18 % |
| La foi religieuse | 7 % |

Enquête réalisée par la Sofres, 23 mars-10 avril 1999.

---

▶ **La majorité** des Français considère qu'il est important d'enseigner le sens des responsabilités à ses enfants.

**1** ................................................................................................................................

**2** ................................................................................................................................

**3** ................................................................................................................................

**4** ................................................................................................................................

**5** ................................................................................................................................

**6** ................................................................................................................................

**9** **Sigles.**

*1 Associez chacun des sigles ci-dessous à la définition qui lui correspond.*

**a** | le PACS (Pacte civil de solidarité)

**b** | un SDF (sans-domicile fixe)

**c** | le MLF (Mouvement de libération des femmes)

**d** | l'ANPE (Agence nationale pour l'emploi)

**e** | le RMI (Revenu minimum d'insertion)

**f** | un CV (curriculum vitæ)

**1** Personne qui n'a plus de logement.

**2** Prestation sociale destinée à assurer un minimum de ressources aux personnes les plus démunies.

**3** Document sur lequel figurent l'état civil, les diplômes et l'expérience professionnelle d'une personne.

**4** Établissement public qui a pour objectif d'aider les demandeurs d'emploi à retrouver un travail.

**5** Contrat d'union pouvant être signé par un couple homosexuel ou hétérosexuel.

**6** Association militante qui vise, entre autres, à faire respecter les droits des femmes.

**2** *Complétez les phrases qui suivent à l'aide de ces différents sigles.*

**a** En France, depuis 1999, les personnes liées par un ................. bénéficient de nouveaux droits autrefois réservés aux couples mariés.

**b** Les moins de 25 ans, qui n'ont pas droit au ................., se trouvent parfois dans une situation financière catastrophique.

**c** Dans les années 70, le ................. a mené de nombreuses actions en faveur notamment de l'avortement et de la contraception.

**d** Selon les statistiques, les demandeurs d'asile représenteraient un tiers des ................. en France.

**e** Un logiciel de réalisation de ................. est disponible, gratuitement, dans toutes les ................. .

## Pause production

**10 Mariages homos, mariages égaux.**

*Lisez l'article ci-dessous et, dans un texte de cent mots environ, à paraître dans la rubrique Courrier des lecteurs de **Elle**, dites ce que vous pensez d'une telle loi.*

---

### Nouveaux marié(e)s

Dès le douzième coup de minuit, quatre couples se pressent devant la mairie d'Amsterdam. Smoking pour les hommes, robe blanche pour les femmes. Job Cohen, le maire, est prêt à officier. Tout semble en ordre. Sauf que, ici, les garçons enlacent les garçons et les filles embrassent les filles. Le 1er avril, à zéro heure, entrait en vigueur la loi néerlandaise autorisant, pour la première fois au monde, des homosexuels à contracter un mariage civil, en tous points égal à celui des hétérosexuels. Malgré la vive opposition des partis chrétiens, le Parlement n'a pas cédé : dorénavant, tous les gays des Pays-Bas peuvent convoler, mais aussi adopter des enfants. Cette nuit-là, un couple de femmes et trois couples d'hommes ont étrenné leurs nouveaux droits. On s'attend à environ dix mille mariages homosexuels par an, soit 10 % du total des mariages.

Sylvia Jorif, *Elle*, avril 2001.

---

# COURRIER DES LECTEURS

......................................................................................................

......................................................................................................

......................................................................................................

......................................................................................................

......................................................................................................

......................................................................................................

......................................................................................................

......................................................................................................

......................................................................................................

......................................................................................................

......................................................................................................

......................................................................................................

......................................................................................................

......................................................................................................

......................................................................................................

......................................................................................................

......................................................................................................

......................................................................................................

## Prêts pour la grammaire

### CARACTÉRISER AU MOYEN DE PHRASES COMPLEXES

**1** **Choisir la maison de campagne de ses rêves.**

*Complétez ces descriptions de maisons provinciales. Utilisez les relatifs qui conviennent puis faites correspondre textes et photos.*

**1** Imaginez un petit jardin ................. on peut boire le pastis en écoutant le chant des cigales et ................. se trouve une maison ancienne composée de deux chambres, ................. une mansardée à l'étage, et d'une cuisine provençale. Cette bâtisse ................. les murs sont blanchis à la chaux comporte aussi un studio indépendant ................. jouxte le corps principal du bâtiment.

**2** Imaginez une vaste pinède ................. se trouve une grande bâtisse ................. comporte trois chambres et une salle de bains et ................. l'étage a été aménagé en mezzanine avec salle de bains. Lit-et-Mixe, bourgade ................. est situé ce domaine, est à quinze minutes environ de la côte landaise.

**3** Imaginez un beau corps de bâtiment ................. délimitent deux grandes tours carrées et ................. le toit est couvert d'ardoises. Au rez-de-chaussée, vous entrez par une belle porte ................. se trouve un superbe fronton. Comme la plupart des grandes bâtisses ................. il s'apparente, ce manoir comporte de superbes dépendances, ................. un ancien four à pain, des étables et une ancienne chapelle.

a ◯

b ◯

c ◯

## DONNER DES EXPLICATIONS, EXPRIMER LA CAUSE

### 2 Les néoruraux.

*Plusieurs néoruraux expliquent comment ils ont réussi leur installation à la campagne.*

*Complétez en utilisant les expressions de cause suivantes.*

En raison de/À cause de/Faute de/Du fait de/Grâce à + nom – comme – participe présent – provoquer – à force de + verbe à l'infinitif.

**1** Ça a mis du temps mais, ............................. multiplier les contacts sur le terrain (mairie, associations, voisins), on a pu peser le pour et le contre et on a fini par arrêter notre choix sur cette région et, ............................. il y avait pas mal de maisons à vendre à ce moment-là, on a pu choisir assez facilement celle qui nous convenait le mieux.

**2** Moi, ............................. originaire de la région, j'ai été tout de suite accueilli par les villageois qui nous ont beaucoup aidés pour notre implantation. ............................. un petit héritage, j'ai pu financer l'achat de ma maison et, à présent, je ne monte à Paris que deux jours par semaine pour mon travail et, le reste du temps, c'est le paradis ici !

**3** En fait, on a dû différer pendant longtemps la réalisation de ce projet ............................. argent et puis, un jour, tout s'est précipité : la boîte où je travaillais, ............................. importantes difficultés de gestion, a été dans l'obligation de licencier du personnel et c'est ............................. mes indemnités de licenciement que nous avons pu acheter notre maison ici !

**4** Il y a deux ans encore, nous vivions à Paris ; mais mon fils avait de graves crises d'asthme ............................. par la pollution. ............................. son état de santé, il était devenu impossible de rester en ville. Et c'est finalement ............................. lui et pour lui que nous avons décidé de vivre à la campagne. En fin de compte, je peux dire maintenant que ça a été un changement bénéfique pour tous les membres de la famille !

## FAIRE DES COMPARAISONS

### 3 Spécial tempête.

*Complétez en utilisant les formules de comparaison suivantes.*

Beaucoup plus – aussi bien – de plus en plus de – le, la plus – les moins – plus de – tout aussi – comme – contrairement à.

*Triple malédiction. Une marée noire provoquée par le naufrage de l'Erika, le 12 décembre 1999. Deux ouragans successifs les nuits du 26 et du 27 décembre. Plages engluées, paysages détruits, forêts broyées, réseau électrique anéanti, détresse humaine…*

*Voici le bilan région par région.*

## LE NORD
### Paris et Île-de-France, Picardie Nord-Pas-de-Calais

Le Nord-Pas-de-Calais a été épargné en partie ........................... la Picardie, l'Île-de-France et Paris qui ont été très touchés. Inondations, forêts décimées, routes coupées. Le patrimoine, quant à lui, a été ...........................
meurtri que la nature : sur la seule région francilienne, on compte .....................
140 millions d'euros de dégâts dont
35 millions pour le château de Versailles.

## L'OUEST
### Haute-Normandie et Basse-Normandie, Bretagne, Pays-de-Loire

Une côte atlantique engluée dans le sale jus noir de l'*Erika.* D'heure en heure, ...............
oiseaux viennent s'échouer sur le rivage. À cela s'ajoutent des terres balayées par le vent. Cette double catastrophe est encore .................... difficile à supporter pour tous les habitants.

## LE CENTRE
### Poitou-Charentes, Centre, Limousin, Auvergne

Tourisme et conchyliculture* ont été frappés en Charente Maritime, .........................
l'ont été les maraîchers dans le Centre. En Limousin, la filière bois agonise. De ces quatre régions, c'est le Poitou-Charente qui a probablement .................... souffert : on dénombre vingt-sept morts.

\* La conchyliculture : culture des huîtres.

## L'EST
### Champagne-Ardenne, Bourgogne, Alsace, Lorraine, Franche-Comté

En Alsace ...........................
en Champagne-Ardenne, en Bourgogne .........................
en Franche-Comté, aucune commune n'a été épargnée. En Lorraine, le volume d'arbres abattus est estimé à .......................... 26 millions de mètres cubes.

## LE SUD
### Aquitaine, Midi-Pyrénées, Rhône-Alpes, Provence-Alpes-Côte-d'Azur

Cent mille hectares de pins à terre, c'est ...........................
grande atteinte que la forêt landaise ait jamais subie. Une catastrophe économique ...........................
qu'écologique pour la filière bois. Rhône-Alpes et Provence-Alpes-Côte-d'Azur sont les deux régions françaises ........................... touchées par la tempête. On dénombre toutefois un mort et quinze blessés dans les Alpes-Maritimes.

**4** **Le drame.**

*Complétez ces extraits d'articles parus au lende-main de la tempête de 1999. Aidez-vous si néces-saire des informations données dans l'exercice précédent.*

**1** Le vent soufflait si violemment que

…………………………………………………

…………………………………………………

…………………………………………………

…………………………………………………

**2** De nombreux câbles électriques ont été arrachés, c'est pourquoi …………………………………

………………………………………………………………

**3** Sur l'ensemble du territoire, la tempête a entraîné …………………………………………………

………………………………………………………………

**4** Comme beaucoup d'arbres sont couchés en travers des routes, il va y avoir des répercussions sur ……

………………………………………………………………

**5** Tempête sur le pays. Bilan……………………………………………………………………………

………………………………………………………………

………………………………………………………………

**6** Ce drame national a suscité ……………………………………………………………………………

………………………………………………………………

**7** Cette catastrophe aura un impact sur …………………………………………………………………

………………………………………………………………

**8** Le toit de la ferme menaçait de s'écrouler, alors ……………………………………………………

………………………………………………………………

**9** L'eau a envahi la ville au point que …………………………………………………………………

………………………………………………………………

**10** …………………………………………………………………………… : tels sont les effets de la tempête.

## Un temps pour le lexique

**5** **Lieux de vie.**

*Numérotez les lieux d'habitation suivants du plus grand au plus petit.*

○ **a** un village

○ **b** une communauté d'agglomérations

○ **c** un département

○ **d** un hameau

○ **e** une ville

○ **f** une région

## 6 Mots croisés.

*Complétez la grille de mots croisés ci-contre à l'aide des définitions.*

**1** Personne qui habite la région Ile-de-France.

**2** Nombre moyen d'habitants au kilomètre carré.

**3** Changer de logement.

**4** Personnes qui habitent depuis peu à la campagne.

**5** Personne qui habite une ville.

**6** Personne qui prend régulièrement un moyen de transport pour aller au travail.

**7** Personnes qui résident dans un lieu, par exemple une ville.

**8** Ensemble des agglomérations qui entourent une ville.

## 7 La clef des champs.

*Complétez l'article ci-dessous à l'aide des termes suivants.*

Ville – qualité de vie – habitant – urbain – campagne – migrer – citadin – village – région – résidence.

---

### Vivre à la campagne

*Un ............................ sur deux rêve de fuir la ville.*

**LE NOUVEL OBSERVATEUR.** – *De plus en plus de Français partent à la ..............................., pourquoi ?*

**JEAN VIARD.** – Peu à peu, les gens ont commencé à ..............................., à s'éloigner des zones ............................ pour gagner des territoires

perçus comme plus attrayants. Ce phénomène s'est d'abord fait sentir vers Aix, Grenoble, Nice ou Montpellier, puis autour de Rennes ou Nantes. C'étaient donc des ............................ dans des ............................ dotées d'un fort attrait touristique et d'une image de ............................ qui attiraient de plus en plus d'............................ . Aujourd'hui, ce sont souvent les ............................ situés à moins d'une heure d'une ............................ dynamique, par exemple Lyon. Les vacances ont joué un rôle essentiel. Ainsi, si l'on superpose la carte des ................................... secondaires et celle des créations d'entreprises, les recoupements sont flagrants.

*Entretien avec le sociologue Jean Viard.*

*Le Nouvel Observateur*, 21-27 septembre 2000.

---

## 8 Ville ou campagne ?

*Classez les mots suivants en fonction de ce qu'ils évoquent.*

Un bourg – la périphérie – un gîte rural – une agglomération – un lieu-dit – une métropole – un grand ensemble – une zone urbaine – un bled – un quartier.

| Ville | Campagne |
|---|---|
| ………………………………… | ………………………………… |
| ………………………………… | ………………………………… |
| ………………………………… | ………………………………… |
| ………………………………… | ………………………………… |
| ………………………………… | ………………………………… |
| ………………………………… | ………………………………… |

## 9 Problèmes de banlieue.

*Indiquez quels sont les problèmes évoqués par les habitants de cette grande banlieue.*

« *Le soir, pour les jeunes, il n'y a rien à faire ! Le quartier est mort.* »

▶ *Problème de* **manque d'animation** *pour les jeunes.*

**1** « Ici, personne ne se connaît. »

*Problème de/d'* …………………………………………………………………………………

**2** « J'en ai marre ! On nous casse tout : les portes, les boutons d'ascenseurs, les boîtes aux lettres… »

*Problème de/d'* …………………………………………………………………………………

**3** « Moi, dans la rue, j'ai peur. Ma voisine s'est fait insulter par des jeunes, mon fils s'est fait agresser. Alors, je ne me sens pas rassurée. »

*Problème de/d'* ……………………………………………

…………………………………………………………

**4** « Je peux tomber dans la rue, là, eh bien personne ne va s'arrêter. Ici, c'est chacun pour soi. »

*Problème de/d'* ……………………………………………

…………………………………………………………

**5** « On entend tout ce qui se passe chez les voisins. Vous croyez que c'est agréable ! »

*Problème de/d'* ……………………………………………

…………………………………………………………

**6** « Il y a des problèmes de vols, de drogue. Il y a pas mal de problèmes de ce genre. »

*Problème de/d'* …………………………………………………………………………………

**7** « Les gens sont beaucoup trop rapprochés les uns des autres. »

*Problème de/d'* …………………………………………………………………………………

**8** « On regarde en face de chez soi, il y a des immeubles. On regarde de l'autre côté, il y a des immeubles : il y a du béton partout ! »

*Problème de/d'* …………………………………………………………………………………

**10** **Réagir.**

*Rédigez un manifeste en vous inspirant des problèmes évoqués par les habitants d'une grande banlieue dans l'exercice précédent.*

*– Indiquez quels sont les principaux problèmes.*

*– Présentez les causes ou les conséquences de ces différents problèmes.*

*– Comparez éventuellement avec d'autres cadres de vie.*

*– Proposez des solutions.*

*– Imaginez un ou plusieurs slogans.*

...........................................................................................................................................
...........................................................................................................................................
...........................................................................................................................................
...........................................................................................................................................
...........................................................................................................................................
...........................................................................................................................................
...........................................................................................................................................
...........................................................................................................................................
...........................................................................................................................................
...........................................................................................................................................
...........................................................................................................................................

## Prêts pour la grammaire

### DIFFÉRENTS USAGES DU CONDITIONNEL

**1** **La maladie du jeu.**

*Complétez en utilisant uniquement des formules comprenant des conditionnels.*

---

**La dure journée d'un joueur accro**

Certes, il s'était endormi en se promettant de ne plus jouer (Loto, chevaux, Bingo et autres jeux… l'essentiel pour lui étant d'assouvir sa passion du jeu). Mais, déjà, le voilà qui consulte *Paris-Turf* et remplit sa grille de Loto sous l'œil ironique de sa femme qui lui rappelle ses propos de la veille : « Tu avais dit que ………………………………………… ! » Qu'importe, il est mû à présent par un puissant désir : « Je ………………………………………… ! »

Alors il sort : direction le tabac du coin. En chemin, il croise son pote Henri qui lui déclare avoir un tuyau* super : « Tu ………………………………………… le 15 gagnant dans la deuxième ! »

À la buraliste, il remet, fébrile, sa grille de Loto et, suivant les conseils d'Henri, joue le 15 gagnant dans la deuxième course. Et, comme si ça ne suffisait pas, il complète en achetant un carton de Bingo : « ………………………………………… , s'il vous plaît ? »

15 heures : Il écoute à la radio les commentaires en direct de la course. Le 15 gagne du terrain, le 15 dépasse tous les autres concurrents (il se remet à croire à sa bonne étoile). Oui… le 15 a gagné. Mais, une heure plus tard, une sombre nouvelle court : le 15 ………………………………………… disqualifié ! Nouvelle confirmée peu après. Un coup de fil à Henri pour lui dire ce qu'il pense de ses tuyaux : « Je ………………………………………… ! »

Heureusement, il reste les résultats du Loto mais, là encore, hélas, ce n'étaient pas les bons numéros : « Si j(e) ………………………………………… ma date d'anniversaire. »

Allez, en guise de conclusion, donnez un bon conseil à notre ami, il en a bien besoin : « ………………………………………… . » Merci pour lui !

\* Une information.

---

**2** **Spécial Bourse.**

*1 Complétez en choisissant entre les trois articulateurs proposés à chaque fois.*

---

## Faible rebond européen

En Europe, les dirigeants politiques continuent de réaffirmer leur confiance dans la probabilité d'un rebond de l'activité avant la fin de l'année. C'est le cas ............................. (a) en Allemagne. C'est aussi le cas en France, où Jean-Pierre Raffarin assure que les membres du gouvernement restent optimistes quant aux prévisions de croissance ........................... (b) le cœur n'y est pas. Dans l'Hexagone, les dernières nouvelles sont mitigées. Mercredi, l'Insee a annoncé une hausse de 0, 2 % de la production industrielle en juillet. ........................... (c) ce chiffre positif ne fait que compenser le recul de 0,2 % du mois précédent.

........................... (d) on a eu une autre indication de la mollesse de la conjoncture européenne mardi, avec le fort recul de l'indice ZEW du climat des affaires en Allemagne. En annonçant ........................... (e), en juin dernier, le « redécollage », l'Insee semble être allé un peu vite en besogne.

D'après *Investir*, 17-23 août 2002.

---

**a** par contre/notamment/or

**b** en effet/en revanche/mais

**c** en fait/car/en outre

**d** néanmoins/par ailleurs/soit

**e** donc/pourtant/de plus

*2 Reconstituez le cheminement argumentatif suivant. Complétez en plaçant correctement **mais**, **donc** et **or**.*

---

## Les cycliques en bas de cycle

Les sociétés cycliques sont traditionnellement très exposées aux retournements conjoncturels ................. elles sont aussi les premières à rebondir en Bourse aux premiers signes de reprise. ................., selon différents modèles de valorisation, il apparaît que les grandes cycliques françaises sont actuellement à des cours plancher. C'est ............. l'occasion, pour l'actionnaire, de commencer la chasse aux bonnes affaires.

---

**3** *Reconstituez le cheminement argumentatif. Aidez-vous des différents articulateurs soulignés pour placer les paragraphes dans l'ordre correct.*

---

### BOIRON : une valeur sûre

○ **a** <u>Ainsi</u>, le maintien d'un rythme de croissance de 6 % du chiffre d'affaires et du bénéfice pour les prochains exercices paraît un objectif plausible.

○ **b** La direction a <u>d'ailleurs</u> confirmé un maintien de cette tendance au second semestre.

○ **c** <u>En conclusion</u>, la valorisation attractive du titre et la sécurité de placement qu'il offre à moyen terme nous incitent <u>donc</u> à recommander d'acheter cette valeur.

○ **d** Après un exercice 2001 pénalisé par l'absence d'épidémie grippale, le groupe Boiron a publié un chiffre d'affaires semestriel en hausse de 7,2 %, supérieur aux attentes des analystes.

○ **e** Le groupe devrait <u>en effet</u> bénéficier d'une meilleure absorption des frais généraux et d'une plus faible progression de la masse salariale.

---

**3** **Spécial jeux de hasard.**

*Soulignez dans l'article ci-dessous les articulateurs du discours pouvant être remplacés par les formules suivantes. Autrement dit – il en résulte – entre parenthèses – tandis que – si bien que – car – de plus.*

---

## Les Français bouderaient-ils les jeux de hasard ?

Il est un fait que les habitudes des joueurs ont changé. Alors que les jeux de grattage avaient fondé leur succès sur de faibles mises et des gains modestes, les Français veulent désormais gagner des millions. L'appât du jackpot a pris le pas sur le plaisir du jeu, soulignent les buralistes et clients. D'où le relatif échec de Dédé, dont le gain maximal (10 000 euros, soit 66 000 francs) est cent fois inférieur à celui du Millionnaire. Un phénomène qui s'est encore accentué avec l'arrivée de l'euro. La monnaie unique a en effet très nettement augmenté la mise de départ minimale. L'augmentation du montant des gains n'y a pas changé grand-chose : pour jouer, il faut débourser plus… « L'euro fait du mal aux jeux de grattage », concède Michel Priess, directeur à la Française des jeux. Même la star du secteur, le célébrissime Millionnaire, en a pris un coup : « Il a fallu relancer le jeu pendant plusieurs semaines grâce à une campagne télévisée de grande ampleur. » Enfin, les jeux télé, d'ailleurs souvent coproduits par la Française des jeux elle-même, ont, semble-t-il, concurrencé les tickets.

Relancer, relancer et encore relancer. Dans l'espoir de contrer la désaffection des Français, l'entreprise accélère le rythme des lancements. Pour n'avoir pas convaincu, le Jeu de l'oie est passé à la trappe. Dédé tiendra-t-il plus longtemps ? Pas sûr ! Du coup, d'autres jeux sont déjà dans les tiroirs.

D'après Olivier Aubry, *Le Parisien*, 17-18 août 2002.

# Un temps pour le lexique

## 4 Le salaire des Français.

*Complétez l'article ci-dessous avec les mots suivants.*

Gagner – revenu – tarif – des sous – augmentation – payer – rémunération – percevoir.

Quand les Français descendent dans la rue, c'est bien sûr pour se plaindre de leurs conditions de travail, mais surtout pour réclamer ............................. . Quand un cadre ou un employé demande un rendez-vous particulier à son patron, c'est rarement pour lui parler de la pluie et du beau temps, mais plutôt pour négocier une ............................. . Aujourd'hui, les médecins font grève pour obtenir une hausse de leurs ............................. . Nous sommes tous régulièrement préoccupés par notre niveau de ............................., que l'on brasse des millions ou qu'on soit au ............................. minimum. Alors, sommes-nous bien ou mal ............................. ? Une chose est sûre, ceux qui travaillent aujourd'hui empochent moins que leurs parents. « En 1975, les jeunes ............................. 15 % de moins que leurs parents, note Louis Chauvel, sociologue. Aujourd'hui, ils ............................. 35 % de moins. C'est considérable. »

*Le Point*, 25 janvier 2002.

## 5 Devinettes.

*Associez chaque devinette à sa réponse.*

1 On y dépose des objets précieux pour les protéger du vol.

2 On y retire de l'argent avec une carte.

3 On y introduit des pièces en espérant gagner de l'argent.

4 On y met ses économies quand on est enfant.

5 On y insère de l'argent pour payer une place de parking.

a un distributeur automatique

b un horodateur

c un coffre-fort

d une machine à sous

e une tirelire

## 6 Vrai ou faux ?

*Indiquez si les définitions proposées sont vraies ou fausses.*

| | Vrai | Faux |
|---|---|---|
| 1 Payer en liquide : payer avec des billets ou des pièces de monnaie. | | |
| 2 Être à découvert : avoir un compte en banque débiteur. | | |
| 3 Ne pas avoir la monnaie : ne pas avoir l'argent. | | |
| 4 Mettre de l'argent de côté : économiser de l'argent. | | |
| 5 Être fauché *(familier)* : être chanceux au jeu. | | |
| 6 En avoir pour son argent : obtenir quelque chose en proportion de ce qu'on a payé. | | |

**7** **Questions d'argent.**

*Transformez les phrases ci-dessous sur le modèle suivant.*

*Il est de plus en plus difficile d'acheter un appartement à Paris parce que les prix ont beaucoup augmenté.*

▶ *Il est de plus en plus difficile d'acheter un appartement à Paris **à cause de l'importante augmentation des prix.***

**1** Ils n'ont pas pu acheter la maison dont ils rêvaient parce qu'elle coûtait trop cher.

...................................................................................................................................

**2** Des mesures d'urgence ont été prises parce que le pays s'est considérablement appauvri.

...................................................................................................................................

**3** Ce club sportif a eu de gros problèmes parce qu'il était très mal géré.

...................................................................................................................................

**4** Sa situation financière actuelle est très délicate parce qu'il s'est beaucoup endetté.

...................................................................................................................................

**5** La propriétaire ne trouve personne pour occuper son appartement parce qu'elle le loue trop cher.

...................................................................................................................................

**8** **Cigale ou fourmi ?**

*Classez les verbes suivants selon qu'ils évoquent une idée d'économie ou de dépense.*

Gaspiller – débourser – épargner – dilapider – amasser – consommer – ruiner.

| Économie | Dépense |
|---|---|
| ........................... | ........................... |
| ........................... | ........................... |
| ........................... | ........................... |
| ........................... | ........................... |
| ........................... | ........................... |

**9** **Le mot juste.**

*Entourez le mot correct.*

**1** – Je te dois 10,50 €.

– Oui, bon, arrondis/additionne à 10 €. Ce sera plus simple !

**2** Même pour des opérations très simples, j'ai besoin d'une calculatrice : je suis nul en opérations/calcul mental.

**3** Au Loto, j'ai toujours eu mes petites manies ; par exemple, je ne joue que des numéros pairs/impairs, comme le 4 ou le 8.

**4** Pour faire plus facilement la conversion, laisse tomber les numéros/décimales après la virgule.

**10** **Problèmes d'argent.**

*Vous avez eu cette année de gros problèmes financiers (chômage/déménagement/changement de voiture…)*
*et vous ne pouvez pas payer vos impôts.*
*Écrivez une lettre au percepteur pour lui exposer votre problème et lui demander un délai de paiement.*

.......................................
.......................................
.......................................

Trésorerie Bordeaux 4
14, avenue Gambetta
33181 Bordeaux Cedex

Le ...........................

Monsieur le percepteur,

....................................................................................
....................................................................................
....................................................................................
....................................................................................
....................................................................................
....................................................................................
....................................................................................
....................................................................................
....................................................................................
....................................................................................

Veuillez agréer, monsieur le percepteur, l'expression de mes sentiments distingués.

# Unité 12 : LE FRANÇAIS TEL QU'ON LE PARLE

## Prêts pour la grammaire

### LES ACCENTS FRANÇAIS

**1** **À chacun son accent.**

*Faites correspondre textes et transcriptions-exemples puis amusez-vous à lire à haute voix ces trois transcriptions afin de restituer l'accent de chaque région.*

> **« Tu es un drôle d'amant, je te le dis. »** Amusez-vous à prononcer cette phrase à la manière des gens…
>
> **1 … DU NORD : en parlant rapidement et sans accentuation**
>
> Les gens du Nord, Ch'tis ou Parisiens, vont au plus court. Dans leur bouche, et surtout à la capitale, les phrases semblent perdre des syllabes : *tu es* devient *t'es, je te le,* comme *je ne te le,* d'ailleurs, se résume à *chtel'*. Car ils ne font pas ou peu de liaisons facultatives et omettent les *e* muets lorsqu'ils ne se surveillent pas. De plus, le rythme du langage est monocorde, standardisé, avec seulement une accentuation finale longue. Ce rythme plat a désormais valeur de référence puisqu'on enseigne à l'école que baisser le ton dans une dictée indique une fin de phrase, un point final. La prononciation du *r* varie d'un milieu à l'autre. Grattée et pharyngale dans l'accent faubourien, elle devient sourde comme la *jota* espagnole ou le *r* de *train* chez les gens chics.
>
> **2 … DE L'EST : en déformant la prononciation des consonnes et en accentuant les mots**
>
> Sous l'influence du parler germanique encore couramment utilisé dans certaines régions, certaines consonnes sont désonorisées : *ge* est prononcé *che*, *ze* transformé en *se*. Mais la distinction est correctement faite pour les voyelles, entre *i* et *è, o* et *ô, a* et *â,* etc. Une nuance qui souvent souligne une différence de sens et perdure nettement dans certaines régions en Champagne où *pin* et *pain* ne se prononcent pas de la même façon. Le rythme de la phrase est très marqué, avec une accentuation sur la première syllabe de chaque mot ou de certains mots seulement afin de leur donner plus d'intensité expressive. L'accent est traînant, comme dans le Valais suisse avec, bien sûr, des variations du nord-est au sud-est sous l'influence des dialectes régionaux.
>
> **3 … DU SUD : en exagérant la prononciation des liaisons et celle des *e* muets**
>
> Champions tous francophones confondus des liaisons facultatives, les Méridionaux sont aussi ceux qui prononcent le plus de *e*, même lorsqu'il n'existe pas comme dans *peneu (pneu)*. Les autres voyelles orales sont ouvertes, ainsi le *ô* de *drôle* devient *o* (bouche plus ouverte) et les voyelles nasales sont décomposées : *an* et *am* sont ainsi prononcées *a-n* et *a-m*, et même *a-ng* en finale du mot. Le *r* est encore roulé à la manière correcte d'autrefois dans de nombreuses régions comme en espagnol ou en italien, issus de la même langue. Les phrases sont très rythmées comme une suite de syllabes très courtes, détachées avec un effet de staccato. Bien qu'assez plate, l'intonation très particulière du Midi est modulée et marquée en finale lorsqu'elle comporte un *e* comme dans *petite*. Ce qui donne aux Méridionaux leur accent *cha-nta-ng*, le plus facilement identifiable.
>
> D'après *Ça m'intéresse*, novembre 1997.

Transcriptions-exemples :

○ **a** Tu è-z-ung drOlle d'amaneng, jeu teu leu di.

○ **b** T'é un drôl'd'aman, chtel'di.

○ **c** Tdu è un tdrôlet d'aman, che tde le ti.

## HUMOUR

**2** **Jeux de mots.**

*Geluck, auteur de la bande dessinée* **Le Chat** *(Casterman, 1986), fonde principalement son humour sur le jeu de mots. En voici quelques exemples. Pour chacun, explicitez en quoi consiste ce jeu de mots.*

**1** ................................................................................................................................................................

................................................................................................................................................................

**2** ............................................................................................................

............................................................................................................

............................................................................................................

............................................................................................................

**3** ................................................................................................................................................................

................................................................................................................................................................

**79**

4 ................................................................................................................
................................................................................................................

5 ................................................................................................................
................................................................................................................

6 ................................................................................................................
................................................................................................................

7 ................................................................................................................

8 ................................................................................................................
................................................................................................................

9 ................................................................................................................
................................................................................................................

## 3  Changez les mots !

*Voici un autre extrait de la bande dessinée **Le Chat** (Casterman, 1986).*

*À la manière de l'auteur, vous allez aussi manipuler les mots.*

• Constituez deux équipes qui disposent de cinq minutes pour :

– choisir trois mots de cinq à six lettres chacun ;

– faire les suppressions et/ou substitutions de lettres nécessaires pour aboutir à un autre mot comme dans la BD exemple.

• L'équipe n° 1 indique oralement et assez lentement à l'autre :

– quel est le mot de départ ;

– quelles transformations doivent être faites.

• L'équipe n° 2 doit deviner le nouveau mot obtenu.

Attention, l'équipe qui devine ne doit pas écrire !

L'équipe gagnante sera celle qui aura donné le plus de bonnes réponses.

## Un temps pour le lexique

## 4  À la sortie du lycée.

*Réécrivez le dialogue suivant en français standard.*

> – Oh, Alex ! Tu pourrais me filer une clope ?
>
> – T'es chiant à la fin ! Tu m'en as déjà taxé deux depuis tout à l'heure.
>
> – Ouais, je sais. Mais j'ai plus une thune pour m'en acheter… Allez, sois sympa ! C'est la dernière…
>
> – Bon, ok… Tu sors en boîte, ce soir ?
>
> – Arrête ! Ma mère m'a engueulé parce que je fais trop la teuf et que je bosse pas assez : elle arrête pas de me dire que, si je continue comme ça, je vais me planter au bac ! Elle veut plus que je sorte… Et puis, je t'ai dit, j'ai plus un rond.
>
> – Non mais, attends, c'est gratos le jeudi soir ! Et, pour ta mère, t'as qu'à lui raconter des bobards. Je sais pas, moi… Dis-lui que tu vas chez un pote pour bosser et que, euh… ben que tu dors chez lui, quoi…
>
> – T'es complètement nase, toi ! Tu t'imagines peut-être qu'elle va gober ça ! Non, c'est foutu pour ce soir, je te dis…

..............................................................................................................................

..............................................................................................................................

..............................................................................................................................

..............................................................................................................................

..............................................................................................................................

..............................................................................................................................

..............................................................................................................................

..............................................................................................................................

..............................................................................................................................

..............................................................................................................................

..............................................................................................................................

..............................................................................................................................

## 5 Bof !

*Indiquez dans quelle situation on utilise ce type d'expressions.*

**1** Tu veux rire !

○ **a** Lorsqu'on veut raconter une histoire drôle.

○ **b** Lorsqu'on n'est pas d'accord avec quelqu'un.

**2** Chiche !

○ **a** Lorsqu'on lance un défi à quelqu'un.

○ **b** Lorsqu'on veut souhaiter bonne chance à une personne.

**3** À la vôtre !

○ **a** Lorsqu'on trinque.

○ **b** Lorsqu'on gagne en jouant aux cartes.

**4** Bof !

○ **a** Lorsqu'on est très surpris par une nouvelle.

○ **b** Lorsqu'on n'est pas vraiment enthousiasmé par quelque chose.

**5** Sans blague !

○ **a** Lorsqu'on n'arrive pas à croire ce que dit une personne.

○ **b** Lorsqu'on n'a pas envie de rire.

**6** Et ta sœur ?

○ **a** Lorsqu'on insulte votre famille.

○ **b** Lorsqu'on ne veut pas répondre à une question trop personnelle.

## 6 Registres de langue.

*Complétez le tableau page suivante avec les mots suivants.*

Crever – un agent de police – une bagnole – dérober quelque chose – un jeune – virer quelqu'un – une baraque – un boulot – exercer une activité professionnelle – planquer – avoir la trouille – mourir – manger – être ivre – avoir faim – un flic – cacher – travailler – un travail – une demeure – un mec – licencier quelqu'un – voler quelque chose – un véhicule – avoir peur – se nourrir – être bourré(e) – être affamé(e).

| Français populaire | Français standard | Français formel |
|---|---|---|
| 1 ............................... | ............................... | un jeune homme |
| 2 piquer quelque chose | ............................... | ............................... |
| 3 ............................... | une voiture | ............................... |
| 4 ............................... | ............................... | un emploi |
| 5 bosser | ............................... | ............................... |
| 6 ............................... | ............................... | être effrayé(e) |
| 7 ............................... | un policier | ............................... |
| 8 ............................... | ............................... | décéder |
| 9 ............................... | être saoul(e) | ............................... |
| 10 bouffer | ............................... | ............................... |
| 11 ............................... | ............................... | dissimuler |
| 12 ............................... | une maison | ............................... |
| 13 avoir la dalle | ............................... | ............................... |
| 14 ............................... | renvoyer quelqu'un | ............................... |

## Pause production

**7** **Souvenirs de vacances.**

*Vous êtes en vacances en France et vous avez décidé d'envoyer deux cartes postales, la première à un(e) ami(e), la seconde à vos grands-parents. Rédigez chacune des deux cartes en adaptant le registre de langue en fonction du destinataire.*

.........................................................................
.........................................................................
.........................................................................
.........................................................................
.........................................................................
.........................................................................
.........................................................................
.........................................................................
.........................................................................
.........................................................................
.........................................................................

# Corrigés

## Prêts pour la grammaire

### 1 Cinéma, cinémas.
**1** Depuis : durée.
**2** Au bout d' : durée.
**3** Dès : point dans le temps.
**4** Jusqu' : point dans le temps.
**5** Pour : durée.
**6** En : durée.
**7** À partir de : point dans le temps.
**8** Pendant : durée.

### 2 Voyage à Paris.
– Emilio, vous souvenez-vous de la première fois où vous **êtes venu** à Paris ?
– Oui, c'**était** vraiment super ! Je **devais** commencer mes cours d'arts plastiques, mais je **n'étais jamais venu** à Paris. Je **suis monté** un week-end avec des copains qui **travaillaient** là-bas, pour repérer, pour comprendre comment **fonctionnaient** la carte Orange et le ticket de métro. Et j'**ai vu** Paris pour la première fois. Tout me **paraissait** très exotique : il y **avait** des gens de toutes les couleurs, des Blacks, des Chinois, des Beurs, je **n'avais jamais vu** autant de monde dans les rues ! Et puis les cinémas : les gens **faisaient** la queue pour aller voir un film. C'**était** incroyable pour moi !
– Paris **n'était pas** comme vous l'**imaginiez** ?
– Non, j'**avais** en tête certaines images : celles des rues de Montmartre, celle de la tour Eiffel ou encore une photo de Robert Doisneau en noir et blanc où l'on **voit** une entrée de métro. Mais quand on **vient** ici, c'**est** plus riche et plus complexe que ça.
– Est-ce que vous **avez conservé** des adresses pour sortir le soir ?
– Après mes cours, j'**allais** souvent Chez Francis, un petit bistrot sympa, mais j'y **suis passé** et il **n'était plus** là. Je crois qu'il **a changé** de quartier. Et puis, après le restau, on **dansait** toute la nuit au Caméléon et, là, j'y **suis retourné** dernièrement et Roger, le patron, m'**a reconnu** !

### 3 Problèmes de vacances.
RÉPONSES POSSIBLES :
**1** On a été malades toute la nuit : la veille on avait trop mangé.
**2** Et à cinquante mètres du sommet, on a dû faire demi-tour parce que j'avais le vertige.
**3** Finalement, il a fallu faire du stop parce que la voiture était tombée en panne.
**4** Elle ne s'est pas du tout baignée pendant les vacances parce qu'elle trouvait l'eau trop froide.
**5** On n'a pas fermé l'œil de la nuit : nos voisins avaient organisé une grande fête.
**6** Il a fallu aller faire une déclaration au commissariat : on nous avait volé la voiture.
**7** En fin de compte, on a dormi chez l'habitant parce qu'il n'y avait plus de place à l'hôtel.
**8** Je suis rentrée à Paris avec deux jours de retard parce qu'il y avait une grève à Air France.
**9** Nous avons dû écourter notre séjour : Marc avait attrapé la grippe.
**10** L'excursion a été annulée : la météo était trop mauvaise.

### 4 Les 35 heures.
**J.-M. Framboisier.**
Avant les 35 heures, je ne pouvais pas cumuler repos et loisirs, je ne pouvais pas me permettre de passer une journée à ne rien faire. En revanche, mes journées de travail n'excédaient jamais 8 heures.
**M. Franck**
Avant les 35 heures, mes patients fonctionnaires venaient le soir, et mes rendez-vous étaient plus étalés dans la journée. Avant, je pouvais appeler la Sécu le mercredi : il y avait quelqu'un pour me répondre. Et le courrier était distribué normalement le samedi.
**A. Marly**
Avant les 35 heures, je travaillais 39 heures par semaine. J'avais moins de vacances et je ne voyais jamais mes enfants le mercredi mais, d'une façon générale, je ne rentrais pas tard le soir.

## Un temps pour le lexique

### 5 Associations.
1b, 2a, 3e, 4f, 5c, 6d.

### 6 Le mot juste.
**1** La première.
**2** Les strapontins.
**3** Les billets.
**4** Réalisateurs.
**5** Exposition.
**6** Cinéphile.
**7** Séance.
**8** D'amateurs.

### 7 ☺ ou ☹ ?
☺ 1, 4, 7, 9, 10.
☹ 2, 3, 5, 6, 8, 11, 12.

### 8 Pause.
1c, 2e, 3a, 4d, 5b.

### 9 Embarquement immédiat.
Voyages – agence – vols – destination – séjours/voyages/circuits – séjours/voyages/circuits – accompagnateur – itinéraire – réservations – séjours/voyages/circuits – hébergement – demi-pension – pension complète – circuits – sac à dos – camping – croisières – paquebots.

### 10 Où est-ce ?
**1** À la gare.
**2** À l'aéroport.
**3** Sur un bateau.
**4** À la douane.
**5** Dans un musée.
**6** Au restaurant.

## Prêts pour la grammaire

### 1 À l'école de la séduction.
Quand vous **aurez terminé** vos cours théoriques (psychologie du sexe opposé), vous **irez** sur le terrain.

Vous **vous installerez** à la terrasse d'un café avec votre coach qui vous **montrera** comment s'y prendre pour aborder une femme. Une fois que vous **aurez bien intégré** les stratégies les plus efficaces, ce **sera** à votre tour de passer à l'action.

1<sup>re</sup> étape

Pendant que vous **serez installé** seul à une table, votre coach vous **observera** discrètement et **prendra** quelques notes. Dès que l'occasion **se présentera** en la personne d'une belle inconnue, vous **aurez** pour mission de l'aborder. Votre conversation **pourra** se prolonger, mais ne **devra** en aucun cas dépasser une demi-heure. Si vous obtenez le numéro de téléphone de la belle, vous **aurez réussi** la partie « pratique » du test.

2<sup>e</sup> étape

Cette étape **ne sera pas contrôlée** par votre coach : soit vous **n'aurez pas été** assez convaincant et la belle vous **filera/aura filé** entre les doigts, soit vous **aurez été** capable de la convaincre de dîner en tête à tête avec vous. Dans ce cas, la soirée vous appartient.

Bonne chance !

### 2 Une journée de don Juan.

RÉPONSE POSSIBLE :

À 9 heures, don Juan débutera sa journée en prenant le petit déjeuner en compagnie de Marie. Quand il aura terminé son petit déjeuner, il fera une promenade au bois avec Sylvie. Quand il aura quitté Sylvie, il déjeunera en tête-à-tête avec Hortense ; quand il aura fini son déjeuner, il ira faire la sieste avec Florence. Quand il aura terminé sa sieste avec elle, il jouera à un jeu de société avec Emmanuelle. Quand il aura dit au revoir à cette dernière, il sera prêt pour un thé avec Adeline. Quand il aura fini son entretien avec Adeline, il ira faire du cheval avec Blandine. Quand il aura pris congé de Blandine, il fera une courte visite à sa mère. Quand il aura quitté le domicile de celle-ci, il s'apprêtera à dîner avec Apolline, avec qui il conversera longtemps, mais Apolline résistera. Quand il aura épuisé toutes ses stratégies, il préférera aller à son rendez-vous secret avec Mme de Longchamp.

### 3 Silence, on tourne !

**1** Te le.

**2** Les lui.

**3** La lui.

**4** T'en – la lui.

**5** La lui.

**6** Les y.

**7** T'y.

### 4 Amour toujours.

**1** Faites-lui-en.

**2** Déclarez-le-lui.

**3** Souhaitez-le-lui.

**4** Pardonnez-les-lui.

**5** Proposez-lui-en.

**6** Donnez-lui-en.

**7** Ne lui en parlez jamais !

**8** Ne le lui dites pas jamais !

### 5 Correspondance amoureuse.

RÉPONSES POSSIBLES :

**1** Les couleurs de l'aurore sculptent le ciel, un nouveau jour frémit derrière les persiennes, bientôt tu vas t'éveiller, je vais cueillir ton premier sourire, une nouvelle journée va commencer et notre bonheur éclatera au grand jour.

**2** Vois-tu, mon âme, aujourd'hui l'espoir est de nouveau en mon cœur : je sais que tout n'est pas fini entre nous, je sais que tu me reviendras un jour et, ce jour-là, je saurai que nous serons unis à jamais puisque nous aurons compris que rien ne pourra plus nous séparer.

**3** Toi que je ne connais pas, toi qui ne me connais pas, tu es cependant déjà dans mes rêves et tu verras : bientôt, nos chemins se croiseront et nous saurons aussitôt que nous sommes faits l'un pour l'autre.

**4** Oui, c'est vrai, j'éprouve encore de l'amour pour toi, mais je n'en peux plus, je suis à bout et je ne reviendrai pas tant que tu n'auras pas reconnu tes torts. Tant que tu me traiteras comme tu le fais, je ne reviendrai pas.

**5** Reste à mes côtés, ne me quitte pas, je t'en supplie, je comprends maintenant toute la peine que j'ai pu te faire et plus jamais je ne serai méchant avec toi, plus jamais je ne me comporterai comme avant.

## Un temps pour le lexique

### 6 Le mot juste.

**1** L'épouser.

**2** Plaquée.

**3** Abordé.

**4** Draguer.

**5** Se sont réconciliés.

### 7 Comme…

1d, 2g, 3a, 4f, 5h, 6e, 7b, 8c.

### 8 Affaire de cœur.

**1** Il n'a le cœur à rien.

**2** J'en ai le cœur net.

**3** Il a un cœur d'artichaut.

**4** Il a le cœur sur la main.

**5** J'ai accepté de bon cœur.

**6** Elle prend les choses à cœur.

### 9 Déclaration d'amour… de non-amour.

• Affreuse/horrible/abominable – déplu – repoussante/affreuse/laide – froide – inintéressante/soporifique – ennuyeux/inintéressant – grossière – beau – extraordinaire/exceptionnel.

• Comme nous nous ressemblons si peu, j'aimerais que nous ne nous revoyions plus jamais. Adieu.

### 10 ☺ ou ☹ ?

☺ 2, 3, 5.

☹ 1, 4, 6.

Unité 3 : Aux urnes citoyens

## Prêts pour la grammaire

### 1 De bonnes raisons pour aller voter.

La formule n° 4 : elle envisage une élection qui a déjà eu lieu.

### 2 Vie associative.

**2** Si l'association de Mertadour n'existait pas, les gens ne pourraient pas bénéficier d'une bibliothèque, ils n'iraient pas en voyages organisés à l'étranger, les personnes du troisième âge ne disposeraient pas d'un espace-rencontre, les mamans ne pourraient pas laisser leurs enfants à la crèche, les habitants n'auraient pas pu organiser un grand spectacle son et lumière ; enfin, ils n'auraient pas eu le plaisir de découvrir des cultures maraîchères et des animaux de basse-cour au pied de leur immeuble.

**3** RÉPONSES POSSIBLES :

Si notre association construisait un terrain de foot, les enfants ne traîneraient plus dans les rues, mais iraient jouer au foot.

Si notre association créait un espace Internet, tout le monde pourrait envoyer des e-mails facilement.

Si notre association créait une cinémathèque, on pourrait aller voir des films plus souvent…

### ❸ Quartiers sensibles.

RÉPONSES POSSIBLES :

**1 a** … et les entrées ne sont pas filtrées.

**b** … et nos enfants sont en danger.

**c** … et ils peuvent continuer à sévir en toute impunité.

**d** … et les résidents vivent dans l'insécurité et la peur.

**e** … et ces derniers se réunissent en bandes et saccagent le quartier.

**f** … et un climat d'insécurité règne dans toute la cité.

**2 a** S'il y avait des digicodes, les entrées seraient filtrées.

**b** Si on ne laissait pas circuler les dealers, nos enfants ne seraient pas en danger.

**c** Si la police ne relâchait pas les jeunes interpellés, ceux-ci ne pourraient pas continuer à sévir.

**d** Si des bandes de jeunes n'occupaient pas certaines cages d'immeubles, les résidents ne vivraient pas dans l'insécurité.

**e** Si certains parents ne laissaient pas leurs jeunes enfants sortir la nuit, ceux-ci ne se réuniraient pas en bandes et ne saccageraient pas le quartier.

**f** S'il y avait assez de patrouilles de police la nuit, un climat d'insécurité ne régnerait pas dans toute la cité.

### ❹ Élections présidentielles.

**1** Tous les sondages prédisaient un face-à-face Jospin/Chirac au deuxième tour, or **aucun n'**avait vu juste ! En effet, **personne ne** pouvait imaginer que Le Pen allait battre l'ex-Premier ministre. Après le choc du premier tour, un peu **partout** en France, des manifestations contre la montée de l'extrême droite se sont spontanément organisées. **Chacun** prenait brusquement conscience de l'importance de l'enjeu et **tous** étaient prêts à faire **n'importe quoi** pour faire barrage à Le Pen.

**2 a** Personne d'autre.

**b** Tout.

**c** Tous.

**d** Rien ne.

**e** Ailleurs.

**f** Rien d'autre.

**g** Nulle part ailleurs.

## Un temps pour le lexique

### ❺ Les symboles de la France.

1b, 2d, 3f, 4a, 5c, 6e.

### ❻ Le mot juste.

**1** Blanc.

**2** Remporté.

**3** De former.

**4** Chauvin.

**5** Manifestations.

**6** D'abstention.

### ❼ Vrai ou faux ?

**Vrai :** 3, 6.

**Faux :** 1, 2, 4, 5.

### ❽ Le système politique français.

**1** Le président de la République.

**2** Le Premier ministre.

**3** Les ministres.

**4** Les députés.

**5** Les sénateurs.

**6** Les élus locaux.

**7** Le peuple.

### ❾ Mots croisés.

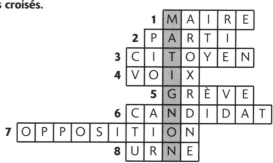

## Unité 4 : À chacun sa foi

### Prêts pour la grammaire

### ❶ Croyez-vous aux rêves prémonitoires ?

**2** Je m'étonne.

Je trouve normal.

C'est impensable.

J'attends.

Je suis persuadé(e).

Il est évident.

### ❷ Superstitions.

**1** Advienne.

**2** Soit.

**3** Va arriver.

**4** Ont.

**5** Soient.

**6** Aillent – puissent.

**7** Fait.

**8** Aidera.

### ❸ Il y a un truc !

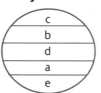

### ❹ Petits bonheurs éphémères.

**1** Aies fait.

**2** Ne sois pas encore allé(e).

**3** Partes.

**4** Aille.

**5** Fasses.

**6** Soit.

**7** Ayez pu.

**8** Mettes/Aies mis.

## Un temps pour le lexique

### 5 Entre rêve et cauchemar.
1e, 2b, 3c, 4f, 5a, 6d.

### 6 Mots croisés.

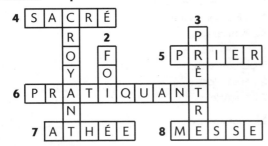

### 7 L'intrus.
**1** Inattendu.
**2** Convaincu.
**3** Fiabilité.
**4** Tourmenté.
**5** Clair.
**6** Prédestiner.

### 8 Question de foi.
**1** Vous êtes de mauvaise foi.
**2** J'ai foi en toi.
**3** C'est une personne qui est digne de foi.
**4** Ils n'ont ni foi ni loi.
**5** Son témoignage fait foi/est digne de foi.

### 9 ☺ ou ☹ ?
☺ 1, 4, 7, 9, 10.
☹ 2, 3, 5, 6, 8.

### 10 Doute, douter.

| | Nom | Verbe | Adjectif |
|---|---|---|---|
| **2** | la croyance | croire | crédible, (in)crédule, (in)croyable |
| **3** | l'explication | expliquer | (in)explicable, explicatif/explicative |
| **4** | la conviction | convaincre | convaincant(e), convaincu(e) |
| **5** | la persuasion | persuader | persuasif/persuasive, persuadé(e) |

### 11 Le 13.
Bénéfique – bonheur – espoir – faste – néfaste – maléfique – malheur – chance – enfer.

---
### Unité 5 : De l'école au travail
---

## Prêts pour la grammaire

### 1 Carnet de bord scolaire.
Réponses possibles :
**1** ... depuis que l'école a fait l'acquisition de dix ordinateurs.
**2** ... dès qu'on lui a signalé l'absence du petit Thomas.
**3** ... depuis que ses parents se sont réconciliés.
**4** ... dès que la fin de la matinée arrive.
**5** ... depuis qu'on a mis en place un système de tutorat pour les élèves.
**6** ... dès qu'elle a appris que celle-ci avait frappé un enfant.
**7** ... dès qu'ils ont eu connaissance de leurs bons résultats de fin d'année.
**8** ... depuis qu'on leur a annoncé cette sortie.
**9** ... depuis qu'on a signalé la présence d'individus suspects.
**10** ... dès que les travaux seront terminés.

### 2 Courrier des lecteurs.
J'ai beaucoup apprécié votre dernier dossier sur « l'illettrisme, ses causes, ses remèdes ». **En vous lisant**, il m'est venu à l'esprit l'expérience de L'école sans murs, association qui propose de combattre l'illettrisme **en allant** en priorité vers les familles en difficulté. J'ai entendu dire que cette association obtenait de remarquables résultats grâce à différentes actions, d'abord **en se rendant** dans les quartiers sensibles, **en rencontrant** associations et services municipaux, **en détectant** les familles en mal d'intégration sociale ; ensuite, **en organisant** des séances pédagogiques : chaque jour, des professionnels de l'éducation offrent un suivi pédagogique aux enfants en difficulté. Un principe : s'adapter à chacun tel qu'il est **en respectant** son contexte socioculturel, son âge et son niveau ; enfin, **en mettant** à disposition des enfants et de leur famille des bibliothèques de rue qui leur permettent d'écouter des lectures.

### 3 Avancées sociales.
**1 a** Il était impensable que les salariés bénéficient de 15 jours de RTT par an avant que la loi sur les 35 heures soit/ait été votée.
**b** Il était impensable que les salariés puissent aménager leur temps de travail avant que les 35 heures entrent/soient entrées en vigueur.
**c** Il était impensable que les salariés travaillent moins pour le même salaire avant que les 35 heures soient/aient été appliquées.
**d** Il était impensable que tous bénéficient de plus de temps libre avant que la loi sur les 35 heures soit/ait été promulguée.
**e** Il était impensable que les salariés de l'entreprise Bidor acceptent la modification de leur emploi du temps avant que la loi sur les 35 heures soit/ait été assouplie.
**f** Il était impensable que les salariés d'OXIROC cessent leur grève avant que les négociations en vue d'un aménagement des 35 heures aboutissent/aient abouti.
**2 a** Les salariés ont bénéficié de 15 jours de RTT par an après que la loi sur les 35 heures a été votée.
**b** Les salariés ont pu enfin aménager leur temps de travail après que les 35 heures sont entrées en vigueur.
**c** Les salariés ont travaillé moins pour le même salaire après que les 35 heures ont été appliquées.
**d** Tous ont bénéficié de plus de temps libre après que la loi sur les 35 heures a été promulguée.
**e** Les salariés de l'entreprise Bidor ont accepté la modification de leur emploi du temps après que la loi sur les 35 heures a été assouplie.
**f** Les salariés d'OXIROC ont cessé leur grève après que les négociations en vue d'un aménagement des 35 heures ont abouti.

### 4 Les 35 heures.
Jusqu'à ce que/Avant que – depuis que – alors que – dès que – avant que.

## Un temps pour le lexique

### 5 Parcours scolaire.
1e, 2h, 3b, 4a, 5f, 6d, 7g, 8c.

### 6 Vrai ou faux ?
**Vrai :** 1, 4, 6.
**Faux :** 2, 3, 5.

### 7 Qui suis-je ?
1c, 2d, 3e, 4a, 5f, 6b.

**8 Histoires de métiers.**

**1** Je vais postuler.

**2** Démissionner.

**3** J'exerce ce métier.

**4** Il a été licencié.

**5** Elle a été mutée.

**6** Va embaucher (du personnel).

**9 Au boulot !**

1a, 2b, 3a, 4b, 5a.

**10 Offre d'emploi.**

Cherche/Recherche – postes – partiel – complet – durées – expérience – formation – salariés – salaire/revenu – CV/curriculum vitæ.

## Unité 6 : Culture, cultures

### Prêts pour la grammaire

**1 Dernier hommage à Saint Laurent.**

C'**était** hier à 18 heures. Deux mille invités **avaient investi** le forum où mille chaises dorées Napoléon III **recréaient** le décor précieux d'un défilé de mode.

À 19 heures, le spectacle **s'ouvrit** sur le premier modèle créé en 1962 : caban marin, pantalon blanc. Passé et présent confondus, trois cents modèles **suivirent**, mariant à trente créations d'aujourd'hui les grands numéros d'hier qui **remuaient** le souvenir de ceux qui les **connaissaient/avaient connus** et **stupéfiaient** les autres. Pour présenter 200 modèles en moins d'une heure et quart, toutes les femmes de la maison **s'étaient faites** habilleuses, et les mannequins, regroupés par thèmes, **sortaient** de scène par des trappes invisibles… La musique, par vagues, **portait** notre émotion.

Tout à coup, tandis que **s'immobilisaient** le premier smoking de 1962 et le dernier de 2002, quarante autres **firent** leur entrée. Alors, Catherine Deneuve et Laetitia Casta **se levèrent**, puis, le bras tendu vers les coulisses, elles l'**appelèrent** d'un geste. Et il **apparut** pour la dernière fois sur un podium. Deux mille personnes debout **criaient** leur admiration, leur bonheur.

**2 Questionnaire : Connaissez-vous Victor Hugo ?**

**Question 1 :** écrit, été. (Réponse a.)

**Question 2 :** née. (Réponse b.)

**Question 3 :** publiés. (Réponse a.)

**Question 4 :** aimée, morte. (Réponse a.)

**Question 5 :** succédé.

(*Notre-Dame de Paris*, 1831. *Les Contemplations*, 1856. *Les Misérables*, 1862. *Quatre-Vingt-Treize*, 1874.)

**Question 6 :** écrite. (Réponse b.)

**3 Styles d'écriture.**

**1** Brusquement, il **a été pris** d'un sentiment d'oppression si fort qu'il **s'est dirigé** vers la fenêtre. Il **a tiré** les rideaux. **Ça a été** le choc : il **neigeait** à gros flocons. Sur les pavés de la cour, on **pouvait** voir des traces de pas. Cette neige l'**a rassuré** : elle lui **apportait** le seul message d'espoir qu'il **pouvait** entendre : que tout passe, que tout recommence, que tout meurt, que tout renaît… Il **neigeait** aussi quand, quelques jours plus tard, il **a rencontré** Agathe au cours d'un cocktail.

**2** Il fut pris – se dirigea – tira – ce fut – neigeait – pouvait – rassura – apportait – pouvait – neigeait – rencontra.

**4 Le message.**

La voiture qu'ils ont prise

Le voyage qu'ils ont fait

Le restaurant où ils sont allés

La promenade qu'ils ont faite

L'hôtel où ils sont descendus

Tous ces souvenirs qu'ils ont gardés.

**5 Femmes célèbres.**

Elle publia **d'abord** un recueil de poèmes : *Les Dieux ne sont pas morts*. C'est seulement en 1929 que parut son premier récit, *Alexis ou le Traité du vain combat*. **Puis**, en 1938, paraît un recueil de nouvelles, *Nouvelles orientales*, et, **l'année suivante**, *Le Coup de grâce*, qui est considéré comme son premier chef-d'œuvre. Peu après, elle s'installe définitivement aux États-Unis. **Longtemps** elle partagera son temps entre l'écriture et les voyages.

Le succès considérable des *Mémoires d'Hadrien* en 1951 lui valut d'acquérir ensuite une très grande audience. Peu à peu, l'âge venant, elle renonça aux voyages pour ne se consacrer qu'à l'écriture. En 1980, elle est la première femme à entrer à l'Académie française, ce qui constituait **à cette époque/alors** un événement considérable puisqu'il vint rompre un ordre établi depuis trois siècles. Elle meurt en 1987 dans sa maison de Petite-Plaisance.

### Un temps pour le lexique

**6 Quelle culture ?**

**Connaissance :** l'érudition – les acquis – le savoir – l'éducation – la formation – la science.

**Civilisation :** les coutumes – les mœurs – les usages – les traditions.

**7 Mêle-mots.**

| P |   |   |   |   | P |   |   | C |   |
|---|---|---|---|---|---|---|---|---|---|
|   | H |   |   |   |   | O |   | O |   |
|   |   | I |   |   |   |   | È | U |   |
| S | C | U | L | P | T | E | U | R |   |
|   | H |   |   | O |   |   |   | U | E |
|   | A |   |   |   | S |   |   | R |   |
|   | N |   |   |   |   | O |   | I |   |
|   | T |   |   |   |   |   | P | E |   |
| P | E | I | N | T | R | E |   | E | R |
| U |   | M | U | S | I | C | I | E | N |
| R |   |   |   |   |   |   |   |   |   |
| C | O | M | P | O | S | I | T | E | U | R |

**8 Quel genre littéraire ?**

1f, 2a, 3b, 4e, 5c, 6d.

**9 Mots croisés.**

---

**10 Vrai ou faux ?**

**Vrai :** 3, 5, 6.

**Faux :** 1, 2, 4.

**11 Le mot juste.**

1 Une œuvre.

2 Décriés.

3 Un don.

4 De bohème.

5 Subjugués.

6 Collectionneurs.

## Unité 7 : Nouvelle donne, nouveaux défis

### Prêts pour la grammaire

**1 Pourquoi Porto Alegre est-il devenu majeur ?**

1 Anne Ch. Habard a déclaré que Porto Alegre **était** le symbole de la réappropriation du politique, à l'image des mouvements de désobéissance civile qui **avaient émaillé** les années 60 aux États-Unis. Elle a précisé que c'**était** un mouvement profond dont on ne **voyait** que les prémices, qu'il **visait** d'abord à pousser les politiques à se réapproprier des champs d'intervention qu'ils **avaient désertés**, comme leur devoir de demander des comptes aux institutions internationales, aux multinationales, aux agences de crédit à l'exportation qui **travaillent/travaillaient** trop souvent en toute impunité. Elle a conclu en disant que le réveil citoyen **avait commencé** à porter ses fruits, que, concrètement, on l'**avait vu** avec les droits de propriété intellectuelle sur les médicaments qui **avaient sauté** récemment au nom du droit à la santé.

2 Mike Moore a déclaré qu'il **serait** peut-être à Porto Alegre l'année prochaine, mais que, pour l'heure/actuellement, il **se rendait** au Forum économique mondial pour parler avec des chefs d'État et des chefs d'entreprise des nouvelles négociations commerciales entamées à l'OMC et de la nécessité que celles-ci **profitent** en priorité aux pays les plus pauvres. Il a ajouté qu'il **trouvait** cependant légitime que la société civile **souhaite** simultanément prendre la parole. Il a poursuivi en disant que, depuis Seattle, il **était** évident que les organisations non gouvernementales **avaient** une part importante à jouer dans les débats mondiaux et que, afin d'améliorer le dialogue avec la société civile, l'OMC **faisait** de gros efforts de transparence. Il a terminé en précisant que, dans le même esprit de coopération, la société civile **devrait** prendre ses distances avec les lanceurs de pierres masqués qui **saccageaient** les magasins au nom de la justice.

3 Ricardo Navarro a affirmé que, grâce à Porto Alegre, les mentalités **changeaient** lentement, que, parallèlement, la course contre la montre **était lancée** et que notre terre **était** de moins en moins durable, de moins en moins soutenable. Il **s'est demandé** pourquoi on **n'enseignait pas** encore la géopolitique de l'eau dans les universités, et pourquoi on **laissait** cela aux ONG. Il **s'est demandé** ce qu'il **fallait** faire pour qu'on comprenne enfin que la dette ne génère pas que de l'injustice mais aussi des drames écologiques. Il **s'est** aussi **demandé** au nom de quoi le Bangladesh, qui verra bientôt ses terres inondées, **devrait** supporter le refus des États-Unis de signer le protocole de Kyoto sur l'effet de serre. Il a conclu en déclarant qu'on **pouvait** bien les taxer d'antiaméricanisme, qu'ils **étaient** seulement antisystémiques, contre un système qui « **homogénéisait** » plutôt que « **biodiversifiait** ».

**2 Veulent-ils vraiment sauver la planète ?**

2 Ce qu'on attend toujours, ce sont des actes.

3 Ce qui nous indique que notre planète est de plus en plus menacée, ce sont de nombreux symptômes.

4 Ce que nous avons à relever lors de ce sommet, ce sont deux défis prioritaires.

5 Ce dont nous devons parler, c'est de nos modes de production et de consommation trop polluants.

**3 Presse écrite.**

RÉPONSES POSSIBLES :

1 Maintien en détention pour les militants antimondialistes..

2 Sortie de prison lundi prochain pour José Bové.

3 Succès de la manifestation antimondialisation à Paris.

4 Développement du commerce éthique.

5 Campagne de séduction de McDo.

### Un temps pour le lexique

**4 ☺ ou ☹ ?**

☺ 3, 6, 8, 11.

☹ 1, 2, 4, 5, 7, 9, 10, 12.

**5 Qui suis-je ?**

1d, 2e, 3f, 4c, 5a, 6b.

**6 Le mot juste.**

2 Un combat/une bataille.

3 Une insurrection.

4 Une rébellion.

5 Une contestation.

6 Une menace.

7 Un refus.

8 Une adhésion.

9 Un avertissement.

10 Une sensibilisation.

11 Une défense.

12 Une interdiction.

**7 De l'éthique sur l'étiquette.**

Collectif – adhère – rejoint – équitable – syndicats – collectif – surexploitant – boycott – radicale – militants – se battent – fait pression – obligent – respecter – sensibilisant – sociales.

**8 Langues et attitudes.**

| | 1 | 2 | 3 |
|---|---|---|---|
| français | francophone | francophile | francophobe |
| allemand | germanophone | germanophile | germanophobe |
| espagnol | hispanophone | hispanophile | hispanophobe |
| portugais | lusophone | lusophile | lusophobe |

1 -phone : qui parle habituellement la langue.

2 -phile : qui aime la culture ou la langue.

3 -phobe : qui déteste la culture ou la langue.

## Unité 8 : Être ou paraître

### Prêts pour la grammaire

**1 Portraits.**

RÉPONSES POSSIBLES :

1 Dessinez une jeune fille qui a un joli visage, une belle bouche, de grands yeux et un petit nez.

2 Dessinez un vieil homme avec de belles moustaches, un grand nez, mais une bonne tête.

## 2 Appréciations.

**1** Une étonnante crème de nuit.
Une crème de nuit tout à fait étonnante.
**2** Un excellent régime.
Un régime vraiment excellent.
**3** Un inquiétant surpoids.
Un surpoids tout à fait inquiétant.
**4** Un lamentable résultat.
Un résultat tout à fait lamentable.
**5** Une extraordinaire découverte.
Une découverte tout à fait extraordinaire.
**6** Une abominable méthode.
Une méthode vraiment abominable.

## 3 Travail sale ou sale travail ?

**1 b** Un adolescent curieux (qui est curieux).
**c** Un médecin cher (qui demande beaucoup d'argent).
**d** Une salle de bains propre (qui n'est pas sale).
**e** Une fille pauvre (qui n'est pas riche).
**f** Une indication fausse (qui n'est pas vraie).
**g** Le mois dernier (il y a un mois).
**2 b** Un curieux adolescent (bizarre).
**c** Mon cher médecin (terme affectif).
**d** Ma propre salle de bains (qui m'appartient).
**e** Une pauvre fille (nuance de mépris).
**f** Une fausse indication (qui comporte une erreur volontaire).
**g** Le dernier mois (contraire de *premier*).

## 4 Temples de la beauté.

RÉPONSES POSSIBLES :

**1 a** Il y a des salles de gymnastique pour que les femmes soignent leur silhouette.
**b** Il y a des centres de thalassothérapie pour qu'elle puissent se remettre en forme
**c** Il y a des salons de coiffure pour qu'elles changent de tête et soient jolies.
**d** Il y a des boutiques de vêtements pour qu'elles changent de look.
**e** Il y a des cabines d'UVA pour qu'elles puissent être bronzées toute l'année.
**f** Il y a des cabinets de diététique pour qu'elles contrôlent leur poids.
**g** Il y a des cliniques de chirurgie plastique pour qu'elles paraissent plus jeunes et qu'elles soient plus jolies.
**h** Il y a des parfumeries pour qu'elles puissent acheter des cosmétiques.
**2 a** Je vais dans une salle de gymnastique pour soigner ma silhouette.
**b** Je vais dans un centre de thalassothérapie pour me remettre en forme.
**c** Je vais dans un salon de coiffure pour changer de tête et être plus jolie.
**d** Je vais dans une boutique de vêtements pour changer de look.
**e** Je vais dans une cabine d'UVA pour être bronzée toute l'année.
**f** Je vais dans un cabinet de diététique pour contrôler mon poids.
**g** Je vais dans une clinique de chirurgie plastique pour paraître plus jeune et être plus jolie.
**h** Je vais dans une parfumerie pour acheter des cosmétiques.

## 5 Leçons de maintien.

RÉPONSES POSSIBLES :

**1** Si j'étais vous, je me ferais photographier de profil. Il faut absolument que vous alliez consulter un chirurgien esthétique.

**2** Il faudrait que vous choisissiez une autre chemise de nuit. Vous devriez vous brosser un peu mieux les cheveux.
**3** Vous devriez sourire davantage. Si j'étais à votre place, je ne croiserais pas les mains.

## Un temps pour le lexique

## 6 Variations autour d'un même terme.

**1** Maigrir – la maigreur, l'amaigrissement.
**2** Grossir – la grosseur, le grossissement.
**3** Embellir – la beauté, l'embellissement.
**4** Enlaidir – la laideur, l'enlaidissement.
**5** Rajeunir – la jeunesse, le rajeunissement.
**6** Vieillir – la vieillesse, le vieillissement.

## 7 L'intrus.

**1** Fluet.
**2** Repoussant.
**3** Maigre.
**4** Sale.
**5** Squelettique.
**6** Singulier.

## 8 Les expressions.

**1** Je dois/J'aimerais retrouver ma ligne.
**2** Elle ne fait pas son âge.
**3** Tu prends de la brioche.
**4** Tu as bonne mine.
**5** Elle est maigre comme un clou.
**6** Je dois avoir une taille de guêpe.

## 9 De la tête aux pieds.

1a, 2b, 3a, 4b, 5a, 6a, 7b, 8a, 9b, 10a.

## 10 Associations.

1d, 2f, 3a, 4b, 5c, 6e/b.

## 11 DHEA : la jeunesse éternelle ?

Vivaient – développaient – avaler – graisse – maigrissant – remède – biologique – vieillissement – mourir – rajeunir – jeunesse – mort.

## Unité 9 : Liberté, égalité, fraternité… solidarité

## Prêts pour la grammaire

## 1 La pauvreté en France.

**1** Trois fois plus de chômeurs : 17,2 %.
**2** Dans l'ensemble des ménages : 5,8 %.
**3** Deux fois plus nombreux parmi les pauvres : 41,3 %.
**4** Parmi la population totale : 22,1 %.
**5** Pas moins de 80 % des plus défavorisés : 41,3 % + 17,0 % + 15,8 % + 6,6 %.
**6** Le groupe le plus important : 40,3 %.
**7** Quatre ménages sur dix : 40,3 %.
**8** Trois sur dix dans la population totale + 31,5 %.

## 2 Le logement des RMIstes.

**1** Un sur deux ne dispose pas/50 % d'entre eux ne disposent pas/la moitié d'entre eux ne disposent pas.
**2** Un sur dix est mal logé/10 % sont mal logés.
**3** Huit adultes sur dix ne peuvent pas compter/une importante majorité d'adultes ne peut pas compter.

**3 Que d'injustices !**

**1** b et c.

**2 a** Bien que mon voisin n'ait aucune source de revenu, il est propriétaire de son appartement !

**d** Je paie davantage d'impôts bien que je sois pacsé !

**e** On a interdit l'entrée de la boîte de nuit à deux jeunes Beurs, bien que leurs amis blancs soient passés sans problème !

**f** Il y a des couples homos qui ont pu adopter un enfant bien qu'on ait refusé l'adoption à des couples mariés !

**g** Il ne donne jamais d'argent aux associations caritatives, bien qu'il soit immensément riche !

**4 Les femmes contemporaines.**

– Bien que le travail ménager soit facilité par…

– Quoique les formes de travail à temps partiel et les congés de maternité permettent de…

– Même si les maternités sont maîtrisées…

– Malgré la légalisation de l'avortement…

– En dépit de la simplification des procédures de divorce…

## Un temps pour le lexique

**5 L'intrus.**

**1** Intégration.

**2** Sexiste.

**3** Nanti.

**4** Abandon.

**5** Faire un don.

**6** Unité.

**6 Pour ou contre ?**

**Positif :** tolérer – admettre – consentir – accepter.

**Négatif :** condamner – désapprouver – critiquer – réprouver.

**7 Discriminations.**

Immigration – discriminations – non-discrimination – intègre – stigmatise – racisme – phobie – racisme – clichés.

**8 Les valeurs des Français.**

RÉPONSES POSSIBLES :

**1** La plupart des Français pensent qu'il est important d'encourager le sens des responsabilités chez l'enfant.

**2** La moitié considère que l'application au travail est une qualité qu'il faut encourager chez un enfant.

**3** Seule une minorité juge important d'encourager la foi religieuse.

**4** Un tiers pense que l'indépendance doit être encouragée.

**5** Un Français sur cinq considère que l'imagination est une qualité à encourager.

**6** Nombreux sont les Français qui placent les bonnes manières dans les qualités à encourager.

**9 Sigles.**

**1** a5, b1, c6, d4, e2, f3.

**2 a** PACS. **b** RMI. **c** MLF. **d** SDF. **e** CV – ANPE.

---
**Unité 10 : Cadres de vie**
---

## Prêts pour la grammaire

**1 Choisir la maison de campagne de ses rêves.**

**1** Imaginez un petit jardin **où** on peut boire le pastis en écoutant le chant des cigales et **dans lequel** se trouve une maison ancienne composée de deux chambres, **dont** une mansardée à l'étage, et d'une cuisine provençale. Cette bâtisse **dont** les murs sont blanchis à la chaux comporte aussi un studio indépendant **qui** jouxte le corps principal du bâtiment.

**2** Imaginez une vaste pinède **au milieu de laquelle/dans laquelle** se trouve une grande bâtisse **qui** comporte trois chambres et une salle de bains et **dont** l'étage a été aménagé en mezzanine avec salle de bains. Lit-et-Mixe, bourgade **près de laquelle** est situé ce domaine, est à quinze minutes environ de la côte landaise.

**3** Imaginez un beau corps de bâtiment **que** délimitent deux grandes tours carrées et **dont** le toit est couvert d'ardoises. Au rez-de-chaussée, vous entrez par une belle porte **au-dessus de laquelle** se trouve un superbe fronton. Comme la plupart des grandes bâtisses **auxquelles** il s'apparente, ce manoir comporte de superbes dépendances, **parmi lesquelles/dont** un ancien four à pain, des étables et une ancienne chapelle.

a3, b2, c1.

**2 Les néoruraux.**

**1** Ça a mis du temps mais, **à force de** multiplier les contacts sur le terrain (mairie, associations, voisins), on a pu peser le pour et le contre et on a fini par arrêter notre choix sur cette région et, **comme** il y avait pas mal de maisons à vendre à ce moment-là, on a pu choisir assez facilement celle qui nous convenait le mieux.

**2** Moi, **étant** originaire de la région, j'ai été tout de suite accueilli par les villageois qui nous ont beaucoup aidés pour notre implantation. **Grâce à** un petit héritage, j'ai pu financer l'achat de ma maison et, à présent, je ne monte à Paris que deux jours par semaine pour mon travail et, le reste du temps, c'est le paradis ici !

**3** En fait, on a dû différer pendant longtemps la réalisation de ce projet **faute d'**argent et puis, un jour, tout s'est précipité : la boîte où je travaillais, **du fait d'**importantes difficultés de gestion, a été dans l'obligation de licencier du personnel et c'est **grâce à** mes indemnités de licenciement que nous avons pu acheter notre maison ici !

**4** Il y a deux ans encore, nous vivions à Paris ; mais mon fils avait de graves crises d'asthme **provoquées** par la pollution. **En raison de** son état de santé, il était devenu impossible de rester en ville. Et c'est finalement **à cause de** lui et pour lui que nous avons décidé de vivre à la campagne. En fin de compte, je peux dire maintenant que ça a été un changement bénéfique pour tous les membres de la famille !

**3 Spécial tempête.**

LE NORD

Le Nord-Pas-de-Calais a été épargné en partie **contrairement à** la Picardie, l'Île-de-France et Paris qui ont été très touchés. Inondations, forêts décimées, routes coupées. Le patrimoine, quant à lui, a été **tout aussi** meurtri que la nature : sur la seule région francilienne, on compte **plus de** 140 millions d'euros de dégâts, dont 35 millions pour le château de Versailles.

L'OUEST

Une côte atlantique engluée dans le sale jus noir de l'*Erika*. D'heure en heure, **de plus en plus d'**oiseaux viennent s'échouer sur le rivage. À cela s'ajoutent des terres balayées par le vent. Cette double catastrophe est encore **beaucoup plus** difficile à supporter pour tous les habitants.

LE CENTRE

Tourisme et conchyliculture ont été frappés en Charente-Maritime, **comme** l'ont été les maraîchers dans le Centre. En Limousin, la filière bois agonise. De ces quatre régions, c'est le Poitou-Charente qui a probablement **le plus** souffert : on dénombre vingt-sept morts.

L'EST

En Alsace **comme** en Champagne-Ardenne, en Bourgogne **comme** en Franche-Comté, aucune commune n'a été épargnée. En Lorraine, le volume d'arbres abattus est estimé à **plus de** 26 millions de mètres cubes.

LE SUD

Cent mille hectares de pins à terre, c'est **la plus** grande atteinte que la forêt landaise ait jamais subie. Une catastrophe économique **aussi bien** qu'écologique pour la filière bois. Rhône-Alpes et Provence-Alpes-Côte-d'Azur sont les deux régions françaises **les moins** touchées par la tempête. On dénombre toutefois un mort et quinze blessés dans les Alpes-Maritimes.

## Un temps pour le lexique

**5** **Lieux de vie.**

1f, 2c, 3b, 4e, 5a, 6d.

**6** **Mots croisés.**

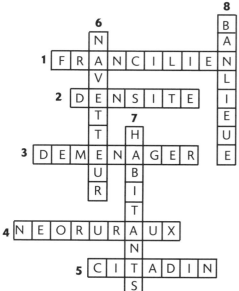

**7** **La clef des champs.**

Citadin – campagne – migrer – urbaines – villes – régions – qualité de vie – habitants – villages – ville – résidences.

**8** **Ville ou campagne ?**

**Ville :** la périphérie – une agglomération – une métropole – un grand ensemble – une zone urbaine – un quartier.
**Campagne :** un bourg – un gîte rural – un lieu-dit – un bled.

**9** **Problèmes de banlieue.**

1 Problème d'anonymat.
2 Problème de vandalisme.
3 Problème d'insécurité.
4 Problème d'indifférence.
5 Problème de bruit.
6 Problème de délinquance/criminalité.
7 Problème de promiscuité.
8 Problème de manque d'espaces verts.

## Unité 11 : L'argent à tout prix

### Prêts pour la grammaire

**1** **La maladie du jeu.**

Certes, il s'était endormi en se promettant de ne plus jouer (Loto, chevaux, Bingo et autres jeux… l'essentiel pour lui étant d'assouvir sa passion du jeu). Mais, déjà, le voilà qui consulte *Paris-Turf* et remplit sa grille de Loto sous l'œil ironique de sa femme qui lui rappelle ses propos de la veille : « Tu avais dit que **tu ne jouerais plus** ! » Qu'importe, il est mû à présent par un puissant désir : « Je **voudrais tellement gagner** ! »

Alors il sort : direction le tabac du coin. En chemin, il croise son pote Henri qui lui déclare avoir un tuyau super : « Tu **devrais jouer** le 15 gagnant dans la deuxième ! »

À la buraliste, il remet, fébrile, sa grille de Loto et, suivant les conseils d'Henri, joue le 15 gagnant dans la deuxième course. Et, comme si ça ne suffisait pas, il complète en achetant un carton de Bingo : « **Pourriez-vous me donner un Bingo**, s'il vous plaît ? » 15 heures : Il écoute à la radio les commentaires en direct de la course. Le 15 gagne du terrain, le 15 dépasse tous les autres concurrents (il se remet à croire à sa bonne étoile). Oui… le 15 a gagné. Mais, une heure plus tard, une sombre nouvelle court : le 15 **serait** disqualifié ! Nouvelle confirmée peu après. Un coup de fil à Henri pour lui dire ce qu'il pense de ses tuyaux : « Je **n'aurais jamais dû t'écouter** ! »

Heureusement, il reste les résultats du Loto mais, là encore, hélas, ce n'étaient pas les bons numéros : « Si j'**avais su, j'aurais joué** ma date d'anniversaire. »

Allez, en guise de conclusion, donnez un bon conseil à notre ami, il en a bien besoin : « **À ta place, je ne jouerais plus.** » Merci pour lui !

**2** **Spécial Bourse.**

**1 a** Notamment.
**b** Mais.
**c** En fait.
**d** Par ailleurs.
**e** Donc.

**2** Les sociétés cycliques sont traditionnellement très exposées aux retournements conjoncturels **mais** elles sont aussi les premières à rebondir en Bourse aux premiers signes de reprise. **Or**, selon différents modèles de valorisation, il apparaît que les grandes cycliques françaises sont actuellement à des cours plancher. C'est **donc** l'occasion, pour l'actionnaire, de commencer la chasse aux bonnes affaires.

**3** 1d, 2b, 3e, 4a, 5c.

**3** **Spécial jeux de hasard.**

Il est un fait que les habitudes des joueurs ont changé. **Alors que (Tandis que)** les jeux de grattage avaient fondé leur succès sur de faibles mises et des gains modestes, les Français veulent désormais gagner des millions. L'appât du jackpot a pris le pas sur le plaisir du jeu, soulignent les buralistes et clients. **D'où (Il en résulte)** le relatif échec de Dédé, dont le gain maximal (10 000 euros, **soit [autrement] dit** 66 000 francs) est cent fois inférieur à celui du Millionnaire. Un phénomène qui s'est encore accentué avec l'arrivée de l'euro. La monnaie unique a **en effet (Car la monnaie unique a)** très nettement augmenté la mise de départ minimale. L'augmentation du montant des gains n'y a pas changé grand-chose : pour jouer, il faut débourser plus… « L'euro fait du mal aux jeux de grattage », concède Michel Priess, directeur à la Française des jeux. Même la star du secteur, le célébrissime Millionnaire, en a pris un coup : « Il a fallu relancer le jeu pendant plusieurs semaines grâce à une campagne télévisée de grande ampleur. » **Enfin (De plus)**, les jeux télé, **d'ailleurs (entre parenthèses)** souvent coproduits par la Française des jeux elle-même, ont, semble-t-il, concurrencé les tickets.

Relancer, relancer et encore relancer. Dans l'espoir de contrer la désaffection des Français, l'entreprise accélère le rythme des lancements. Pour n'avoir pas convaincu, le Jeu de l'oie est passé à la trappe. Dédé tiendra-t-il plus longtemps ? Pas sûr ! **Du coup, (Si bien que)** d'autres jeux sont déjà dans les tiroirs.

## Un temps pour le lexique

### ▣ Le salaire des Français.
Des sous – augmentation – tarifs – rémunération – revenu – payés – percevaient/gagnaient – perçoivent/gagnent.

### ▣ Devinettes.
1c, 2a, 3d, 4e, 5b.

### ▣ Vrai ou faux ?
**Vrai :** 1, 2, 4, 6.
**Faux :** 3, 5.

### ▣ Questions d'argent.
1 … à cause de son coût trop élevé.
2 … à cause de l'appauvrissement considérable du pays.
3 … à cause de sa très mauvaise gestion.
4 … à cause de son énorme endettement/de son surendettement.
5 … à cause du loyer trop élevé.

### ▣ Cigale ou fourmi ?
**Économie :** épargner – amasser.
**Dépense :** gaspiller – débourser – dilapider – consommer – ruiner.

### ▣ Le mot juste.
1 Arrondis.
2 Calcul mental.
3 Pairs.
4 Décimales.

## Unité 12 : Le français tel qu'on le parle

### Prêts pour la grammaire

### ▣ À chacun son accent.
1b, 2c, 3a.

### ▣ Jeux de mots.
1 *Le sens* : la direction.
*Le sens de l'humour* : la signification de l'humour.
2 *Un éditeur qui médite* : qui réfléchit.
*Un éditeur qui m'édite* : qui fait paraître mon livre.
3 *Un noyer* : un arbre (qui donne des noix).
*Un noyé* : quelqu'un qui est mort dans l'eau.

4 *Friser la soixantaine* : s'approcher de l'âge de soixante ans.
*Friser la soixantaine de clientes* : boucler les cheveux de soixante clientes.
5 *Être râleur* : ne pas être content et l'exprimer.
*Être à l'heure* : être ponctuel.
6 *S'entendre* : être d'accord.
*S'entendre* : entendre l'autre et réciproquement.
7 *Le vin est tiré* : est prélevé du tonneau.
*Se tirer* : partir.
8 *Lasser* : fatiguer son public.
*Lacer* : attacher les lacets.
9 *Une photo de moi, mais qui n'est pas de moi* : cette photo me représente, mais ce n'est pas moi qui l'ai prise.
*Une photo qui n'est pas de moi mais qui est de moi* : je ne suis pas représenté sur cette photo, mais c'est moi qui l'ai prise.

## Un temps pour le lexique

### ▣ À la sortie du lycée.
– Oh, Alex ! Tu pourrais me donner une cigarette ?
– Tu es énervant/pénible/agaçant à la fin ! Tu m'en as déjà pris deux depuis tout à l'heure.
– Oui, je sais. Mais je n'ai plus d'argent pour m'en acheter… Allez, sois gentil ! C'est la dernière…
– Bon, d'accord… Tu sors en discothèque, ce soir ?
– Arrête ! Ma mère m'a disputé parce que je fais trop la fête et que je ne travaille pas assez : elle n'arrête pas de me dire que, si je continue comme ça, je vais rater mon baccalauréat ! Elle ne veut plus que je sorte… Et puis, je te l'ai dit, je n'ai plus d'argent.
– Non mais, attends, c'est gratuit le jeudi soir ! Et, pour ta mère, tu n'as qu'à lui mentir. Je ne sais pas, moi… Dis-lui que tu vas chez un copain/ami pour travailler et que tu dors chez lui…
– Tu es complètement fou ! Tu t'imagines peut-être qu'elle va croire ça ! Non, ce n'est pas possible/c'est raté pour ce soir…

### ▣ Bof !
1b, 2a, 3a, 4b, 5a, 6b.

### ▣ Registres de langue.

| | Français populaire | Français standard | Français formel |
|---|---|---|---|
| 1 | un mec | un jeune | un jeune homme |
| 2 | piquer quelque chose | voler quelque chose | dérober quelque chose |
| 3 | une bagnole | une voiture | un véhicule |
| 4 | un boulot | un travail | un emploi |
| 5 | bosser | travailler | exercer une profession |
| 6 | avoir la trouille | avoir peur | être effrayé(e) |
| 7 | un flic | un policier | un agent de police |
| 8 | crever | mourir | décéder |
| 9 | être bourré(e) | être saoul(e) | être ivre |
| 10 | bouffer | manger | se nourrir |
| 11 | planquer | cacher | dissimuler |
| 12 | une baraque | une maison | une demeure |
| 13 | avoir la dalle | avoir faim | être affamé(e) |
| 14 | virer quelqu'un | renvoyer quelqu'un | licencier quelqu'un |

Imprimé en Italie par Rotolito Lombarda

Dépôt légal n° 35851 - 07/2003 - Collection n°50 - Edition n°02

15/5182/9